Steirisches Heimatwerk

ALTE VOLKSKUNST HÄKELN EIN WERKBUCH

Verfaßt und zusammengestellt von Dr. Katharina Zwittnig

2. Auflage

LEOPOLD STOCKER VERLAG
GRAZ — STUTTGART

Umschlaggestaltung: Atelier Geyer, Albersdorf
Umschlagfoto: Foto-Tropper, Graz

CIP-Kurztitelaufnahme der Deutschen Bibliothek

Alte Volkskunst Häkeln: e. Werkbuch / Steir. Heimatwerk. - Graz; Stuttgart: Stocker, 1984.

ISBN 3-7020-0470-X

NE: Steirisches Heimatwerk

ISBN 3-7020-0470-X

Druck: M. Theiss, Wolfsberg

Inhaltsverzeichnis

Für die Beratung in wissenschaftlichen Fachfragen und Beistellung dokumentarischen Materials danken wir:

Frau Dr. Regina Forster,
Modesammlungen des Historischen Museums der Stadt Wien

Frau Dr. Dora Heinz, Wien

Frau Dr. Ursula Mayerhofer,
Museum für angewandte Kunst, Wien

Frau Ingeborg Petraschek-Heim, Wien

Frau Dr. Marianne Stradal, Prägraten

Frau Dr. Angela Völker,
Museum für angewandte Kunst, Wien

Der Dank für die Überlassung alter Muster und Vorbilder gilt:

Frau Barbara Koprivnik, Graz

Frau Martha Müller, Mürzhofen

Frau Viktoria Mußbacher, Tragöß

Frau Katharina und Fräulein Andrea Nievoll, Kindberg

Herrn Dipl.-Ing. Gerhard Papp, Wien

Frau Marianne Pegantz, Kindberg

Frau Lore Pirker, Bruck/Mur

Frau Barbara Simon, Bruck/Mur

Frau Schulrat Elfriede Temm, Graz

Frau Henriette Wolf, Mürzzuschlag

Frau Margarethe Zöscher, Mürzhofen und dem Steirischen Volkskundemuseum, Graz

Für das Häkeln von Mustern, von Spitzen für Decken, Unterröcke, Tücher, für die Anfertigung von Trachtenjacken seien herzlich bedankt:

Frau Erika Braunhuber, Kraubath

Fräulein Renate Doppelhofer, Kapfenberg, die auch die Grundzeichnung vieler Muster erstellte

Frau Anna Horvath, Kapfenberg

Frau FL Hildegard Mußbacher, Preding

Frau Viktoria Mußbacher, die liebenswerte 90jährige Dicht- und Häkelkünstlerin aus Tragöß

Frau Veronika Thorwartl, Tragöß,
ganz besonders für die schönen Webhäkeleien

Frau Christine Vieböck, Helfenberg,
stellte die schönen Handtuchweben bei

Frau Maria Mangge, Graz,
hat die Häkelschrift erstellt

Herr Ferdinand Neumüller, Graz,
machte die Fotos.

Alte Häkelmuster (Historisches Museum der Stadt Wien) Foto: Gudrun Zwittnig

Vorwort

Das große Interesse, das beiden Werkbüchern „Alte Volkskunst — Stricken" und „Alte Volkskunst — Kreuzstich" zuteil wurde, bewogen den Verlag und mich, die Reihe fortzusetzen. Ausrüstung und Teilbarkeit beider Bände dürften zur Beliebtheit und Verbreitung beigetragen haben. So soll auch die vorliegende Arbeit in der Anlage gleich gestaltet werden.

Im Laufe von vier Jahrzehnten fand ich immer wieder alte Einsätze und schöne Häkelränder im ländlichen Raum. Das in den letzten Jahren zunehmende Interesse an diesem Zweig heimischen Frauenfleißes und darüber hinaus die Tatsache, daß manche glauben, das Häkeln als „Pensionatsarbeiten" und „Höhere-Töchter-Beschäftigung" abtun zu können, waren letzter Anstoß, eine übersichtliche Auswahl dieser liebenswerten Erzeugnisse unserer Volkskunst in einem zeitgemäßen Werkbuch zu vereinen.

Auf der Suche nach alten Mustern in bäuerlichen Kästen und Truhen fiel mir auf, daß kaum eine Spitze oder Zacke spezielle Bezeichnungen oder einen jener bildhaften Namen trägt, wie sie uns beim Stricken begegnen — als „Brennende Liab", „Glökkerl", „Almweg" usw. Hin und wieder wird erwähnt, daß man in manchen Gegenden „Muschen" bevorzugt, in anderen Häusern wiederum Häkelränder mit Kreuz- oder Wickelstäbchen häufiger zu finden sind. In etlichen Familien, in denen noch aus alter Überlieferung gestrickt und gehäkelt wird, arbeitet man Kanten und Spitzen in Verbindung mit Bändern und Litzen und näht sie, wie zu Urgroßmutters Zeiten, auf Unterröcke und Blusen.

Bewußt wurde die Auswahl an Mustern und Techniken auf bodenständige Tradition beschränkt — auch in den Möglichkeiten, sie in die lebendige Tracht der Gegenwart und in unsere heimische Wohnkultur einzubinden.

Es gibt grundlegende Unterschiede zwischen Häkeln und Stricken. Nicht nur in der Technik, — auch von der Motivation her. Alles Strickwerk ist vordringlich für die Bekleidung gedacht: als Jacke, Joppe, Pullover, als Männer- und Frauenstutzen. Auch die kunstvollsten Model sind bestimmt, ein Kleidungsstück reicher zu gestalten. Erst aus dem Vermögen, schöne Muster zu formen, ergab sich die Anfertigung von Decken, Rändern und Spitzen aus gestricktem Seidengarn.

Im Gegensatz dazu wollte das Häkeln zunächst Ränder verstärken und haltbarer werden lassen und erst in weiterer Folge schmücken, verschönern und kostbar machen. Häkeln wird zur Kunstfertigkeit und versucht später, die Schönheit der Klöppel- und Nadelspitze umzusetzen und weiterzugestalten, sei es zur Verzierung als Randspitze bei Hemden, Blusen und Unterröcken, sei es zur Verschönerung einer Tischdecke, zur Verfeinerung von Haus- und Bettwäsche. Nur die Web- oder Strickhäkelei, der „Tunesische Häkelstich" in all seinen vielfachen Varianten wird meist als dichtes, manchmal wenig elastisches Gewirk ausschließlich für Kleidung verarbeitet.

Ich will kurz auf die Geschichte und Entwicklung des Häkelns eingehen. Es soll bei den Kopten, den christlichen Nachfolgern der Ägypter, verbreitet gewesen sein. Funde aus dem 7. bis 9. Jahrhundert nach Chr. brachten Nadeln zutage, die sowohl zum Stricken als auch — da mit Häkchen versehen — zum Häkeln verwendet werden konnten[1]). Ebenso zeigen das Haarnetz von Borum Eskoj und die Frauenhaube von Skrydstrup — beides bekannte Funde aus der Bronzezeit[2]) — eine dem Häkeln sehr verwandte Technik. Für das Alter der Häkelnadel spricht die Abbildung der bronzenen Pfrieme aus der Sonderausstellung „Technik der Bronzezeit"[3]) ebenso wie die Knochennadeln im Museum von Halle[4]) und die Socke aus einem Gräberfund[5]). Die Reihe ließe sich beliebig fortsetzen, bis herauf zum Beginn des 16. Jahrhunderts, wo sich unter zierlichsten Handarbeitsinstrumenten in einem kleinen Taschennecessaire, kostbar gestaltet, auch eine Häkelnadel befindet[6]). Wenn auch Hinweise auf alte Häkelfunde spärlich sind und von namhaften Persönlichkeiten und Forschern der eigentliche Siegeszug dieses Handarbeitszweiges erst für das 17. und 18. Jahrhundert angenommen wird, entstand gewiß die Fertigkeit des Häkelns aus der Verschlingung des Arbeitsfadens wie das Flechten, Netzen und Knoten und schließlich auch die Sprangtechnik und das Stricken sehr früh. Im späten Mittelalter wird Häkeln zur Versäuberung der zerfaserten Enden von Geweben erwähnt; die „gezackelten Ränder" waren die Vorläufer unserer Häkelspitzen.

Die Erzeugung von Spitzen gewann zum Ausgang des Mittelalters für die Wirtschaft in Europa großen Einfluß. 1469 wird in Italien zum ersten Mal der Name „Spitze" erwähnt. Ihre Herstellung war die Lieblingsbeschäftigung der Damen höchster Gesellschaftskreise, und in einer Widmung für Königin Anna heißt es noch 1623, „die Spitze sei eine Erfindung der Göttin und Unterhaltung der Königin". — Die „Genueser Zacken" waren Klöppelspitzen von wunderbarer Schönheit, und die venetianische Nadelspitze hatte schon im Mittelalter Bedeutung in Europa. Berühmt waren in der Frührenaissance die in spanischen Klöstern gefertigten Nadelspitzen, die zu kostbaren Mantillas verarbeitet wurden. Zahlreiche Gemälde aus dieser Zeit zeigen die breiten Spitzenkragen bei Frauen und Männern. Sie wurden erst vom Adel, später auch im reichen Bürgertum getragen. Die Fichus, Jabots und Cravates der französischen Mode haben sich sogar in der Bezeichnung bis in unsere Tage erhalten. Einer Überlieferung zufolge trug Kaiserin Eugenie bei ihrer Vermählung eine Garnierung, an der 36 Arbeiterinnen 16 Monate beschäftigt waren. Man erkennt daraus nicht nur die Kostbarkeit der Erzeugnisse, auch die wirtschaftliche Bedeutung war gewaltig. Es ist belegt, daß 1788 in Lille mehr als 16.000 Arbeiterinnen in diesem Gewerbe ihr oft sehr karges Brot verdienten, daß in der Auvergne im 16. Jahrhundert bis zu 130.000 Menschen Spitzen herstellten und auch, daß im England des 18. und 19. Jahrhunderts das Anfertigen von Klöppelspitzen und der „Honiton" — eine besondere Art von Nadelspitze — die Bevölkerung ganzer Landstriche vor drohender Hungersnot bewahrte. Besonders die „irische Häkelspitze" erlangte in der Folgezeit Berühmtheit. Dieser hauchzarten, kunstvollen Spitzenart sehr ähnlich ist die bretonische, die von den Fischersfrauen der Bretagne noch heute in Heimarbeit ausgeführt wird. Auch die „Wiener Häkelspitze" zeigt die gleichen Elemente.

Im 16. Jahrhundert hat die Spitzenindustrie in Deutschland Eingang gefunden und ist bis ins böhmische und sächsische Erzgebirge gelangt. Dort sollen Anfang des 17. Jahrhunderts mehr als 30.000 Frauen und Männer Klöppelspitzen hergestellt haben. Gleichzeitig ist die Spitzenindustrie in Tirol heimisch geworden und hat sich nach Vorarlberg und in die Schweiz ausgebreitet. Hier gibt sie

1) Ausstellungskatalog „Primäre textile Techniken", Gewerbemuseum Basel, Ausstellung I 1217/1935, Dr. Vogt/Ikle
2) Tracht und Schmuck im nordischen Raum Bd. I/1939 Ab. 11
3) Museum für Ur- und Frühgeschichte, Schwerin, 1965, Bearbeitung von Dr. E. Schuldt
4) Tracht der Bronzezeit, Tracht und Schmuck im nordischen Raum Bd. I, Saal Schnurkeramik
5) Museum für angewandte Kunst Wien, Abt. Textil, Inv.-Nr. T 564
6) Ebenda, Abt. Metalle, Inv. F 815, Sammlung Figdor ÖMAK

noch heute — in Verbindung mit der Weißstickerei — vielen Menschen Arbeit und Brot.

Das Umsetzen von Klöppeln und Nadeln in die Fertigkeit des Häkelns war dann nur noch jener Schritt, den die Volkskunst so oft vollzogen hat. Denken wir nur an die Herstellung von Möbeln. Hier ersetzen Schnitzerei, Kerbschnitt, Kamm- und Schwammtechnik und letzten Endes auch die Malerei kostbare Intarsienarbeit und teure ausländische Hölzer. Oder man hat in ost- und weststeirischen Glashütten durch Beimengen von Stroh und Getreidekörnern die teuren Goldzusätze und Farben aus dem Orient erspart. Die Volkskunst war ebenso imstande, fremdländische und heraldische Muster der Gobelins und Webteppiche in die Symmetrie ornamentalen Kreuzstichs aufzulösen.

So hat die Häkelnadel nach Stil, Zeit und Geschmacksrichtung sehr Verschiedenartiges geschaffen. Zarte Umrahmungen für Hals und Hand, Zwischensätze für Kopfkissen und Bettwäsche in tausendfachen Variationen. Sie begleitet uns von früher Jugend bis ins hohe Alter, da sie wohl Aufmerksamkeit erfordert, aber Unterhaltung durchaus zuläßt. Damit gibt sie Gelegenheit zu zwangloser, nutzbringender Beschäftigung in geselliger, fröhlicher Runde und trägt zu einer sinnvollen, gemeinschaftsfördernden Betätigung bei.

Möge daher dieses Buch mithelfen, der liebenswerten Variante heimischen Frauenfleißes noch weitere Kreise zu erschließen, und möge es das Häkeln zu einem lebensvollen Zweig heutiger Volkskultur werden lassen.

Dr. Katharina Zwittnig

Grundregeln und Richtlinien

1. Die Häkelnadel ist das Werkzeug. Sie kann aus Stahl, Bein, Aluminium und Kunststoff sein. Ihre Stärke muß der des jeweiligen Fadens angepaßt werden. Hilfsgeräte sind Gabel, Schiffchen, tunesische Häkelnadel und Nähnadel.
2. Die zum Häkeln gebräuchlichsten Fasern sind die Naturfasern Leinen, Baumwolle und Wolle. Heute werden auch Bast, Hanf, Jute und synthetische Garne verwendet. Die Wahl wird von Zweck und beabsichtigter Wirkung bestimmt.
3. Beim Häkeln der Spitzen für Decken in handgewebtem Material empfiehlt sich grobes Leinen oder stärkeres Baumwollgarn, eventuell fest gedrehte farbechte Wolle.
4. In Strängen gekauftes Material soll auf Knäuel umgespult werden.
5. Die Anfertigung eines 10 bis 15 cm langen und eventuell ebenso hohen Probestücks empfiehlt sich sowohl bei der Herstellung von Spitzen, als auch für das Häkeln eines Kleidungsstücks. Je nach lockerer oder fester Arbeitsweise variiert das Maschenmaß.
6. Damit ein Muster aufgeht, muß man das Mehrfache der Maschen berücksichtigen und auch die Teilbarkeit eines Models vorher festlegen.
7. Mit einem neuen Knäuel beginnt man am besten am Anfang einer Reihe. Den alten und neuen Faden kann man einhäkeln, mit Weberknoten verbinden oder Anfang- und Endfaden hängenlassen und dann mit der Nadel vorsichtig durchziehen.
8. Am Beginn einer Reihe oder Runde wird 1 feste Masche durch eine Luftmasche ersetzt, $^1/_2$ Stäbchen durch zwei Luftmaschen, 1 Stäbchen durch drei Luftmaschen usw., je nach Festigkeit der Arbeit.
9. Die Abschlußmasche gleicht einem Kettglied. Beim Überhäkeln einer Luftmaschenkette wird das linke (rückwärtige) Glied aufgefaßt, beim Überhäkeln aller übrigen Maschen kann das Häkelbild durch das Auffassen der rechten (vorderen) oder beider Maschenglieder verändert werden.
10. Einzelteile kann man
    a) zusammenhäkeln — dann werden sie links auf links zusammengesteckt
    b) zusammennähen — wobei die beiden rechten Seiten aufeinandergelegt werden.
    c) zusammenweben — hier werden beide Teile mit der Vorderseite nach oben gelegt, daß die Ränder zusammenstoßen. Die Nadel wird immer in die Mitte der Schlingen eingestochen.
11. Beim Häkeln von Spitzen für Unterröcke und auch Decken empfiehlt es sich, die fertigen

Spitzen mit Luft- oder festen Maschen anzuhäkeln. Man kann die fertige Spitze auch mit Hohlnaht, Fischgräten- oder Kettstich annähen. So kann sie bei längerer Lebensdauer wieder abgenommen und weiterverwendet werden.

12. Jede Spitze soll vor dem Annähen oder Anhäkeln gespannt und eventuell abgedunstet werden.

13. Soll die Spitze geradlinig auf Stoff genäht oder gehäkelt werden, wird dieser fadengerade beschnitten und eingerollt, eventuell umgebügelt, geheftet oder abgesteppt. Der schmale Einschlag über Eck ist abzuschrägen.

14. Zieht man neben dem Stoffrand einen Faden, erleichtert man sich das Umhäkeln oder Umnähen.

15. Die Ecken für Tischdecken, Läufer usw. können eingerüscht, eingelegt oder vorher ausgezählt und auf das vorbestimmte Maß mit Eckbildung, eventuell unter Zuhilfenahme eines Spiegels, eingeplant werden.

16. Waschbedürftige Handarbeiten sollen nach Fertigstellung in milder, lauer Feinwaschmittellauge behutsam gereinigt, sorgfältig ausgedrückt, gut gespült und in nicht gespanntem Zustand getrocknet werden.

17. Ebenso sollen vorher Gewebe, die mit Spitzen versehen, umhäkelt oder zusammengefügt werden, zumindest vorher abgedunstet, wenn nicht mit heißem Wasser abgebrüht werden. Es erspart unliebsame Überraschungen bei späterem Waschen oder Reinigen.

18. Spannen von breiten Spitzen und Decken soll auf vorgezeichneten waag- oder senkrechten Linien vorgenommen werden; Spannen von Kreisen und ovalen Formen unter Zuhilfenahme des Zirkels.

19. Vorsichtiges Dämpfen über einem Tuch bringt die fertige Arbeit in die richtige Form. Vorher soll sie auf weicher Unterlage mit nichtrostenden Stecknadeln fixiert werden.

20. Versierte Häklerinnen schwören darauf, die fertige Arbeit in trockenem Zustand zu spannen und dann erst mit feuchtem Schwamm abzutupfen. Der soll in Kartoffelmehl- oder Stärkemittellösung getränkt werden. Erst nach vollständigem Trocknen darf die Handarbeit abgenommen werden. Kunstfaserspitzen lassen sich kaum stärken.

Um sich späteren Ärger zu ersparen, möge man diese 20 Regeln durchlesen und beherzigen!

Häkelspitzen an Blusen und Unterröcke verschönern die Tracht

Maschenbild

1. Anfangsschlinge

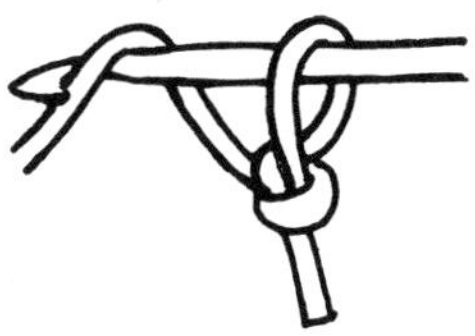

2. Luftmasche Lm.
   Faden durch die Schlinge holen

•

3. feste Maschen fM.
   Nadel einstechen, Schlinge holen und durch beide Schlingen, die sich auf der Nadel befinden, ziehen.

I

4. Kettmaschen Km.
   Nadel einstechen, Schlinge durchziehen und gleich durch die auf der Nadel liegende Masche ziehen.

⌒

5. Halbstäbchen hStb.
   Faden um die Nadel legen, einstechen, Schlinge durchziehen und alle drei zusammen abmaschen.

T

6. Stäbchen Stb.
   Faden um die Nadel legen, Schlinge holen und 2x paarweise abmaschen.

†

7. Doppelstäbchen Dstb.
   2x Faden um die Nadel legen, Schlinge holen und paarweise abmaschen.

‡

8. Dreifachstäbchen Dreifstb.
   Faden 3x um die Nadel legen usw.

9. Kreuzstäbchen
Faden 2x um die Nadel legen, durch die erste Masche der Vorreihe Faden holen, 2 Schlingen abmaschen, Faden wieder um die Nadel legen, in die 3. Masche der Vorreihe einstechen. Schlinge durchziehen, paarweise abmaschen. Dann 1 Lftm.-Faden um die Nadel legen und durch den Kreuzpunkt der bisher entstandenen Stäbchen holen und paarweise abmaschen.

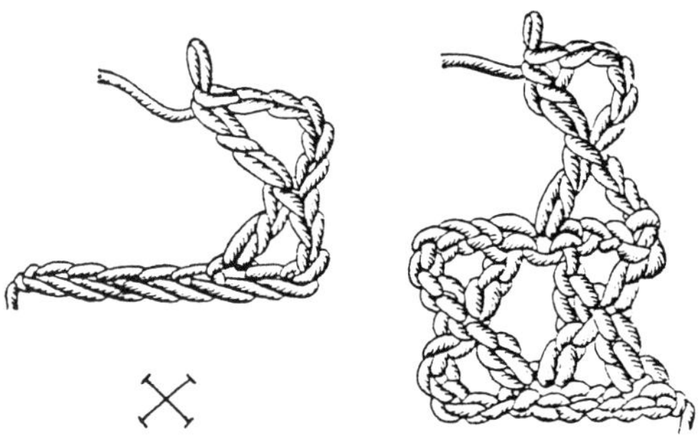

10. Gebüschelte Stäbchen Bü.
Zwei oder mehr Maschen in einer Einstichstelle werden zusammen abgemascht.

11. Filethäkelei
Gerade Anzahl von Luftmaschen anschlagen

12. Deltahäkelei
Es ist darauf zu achten, daß gleichseitige Dreiecke entstehen.

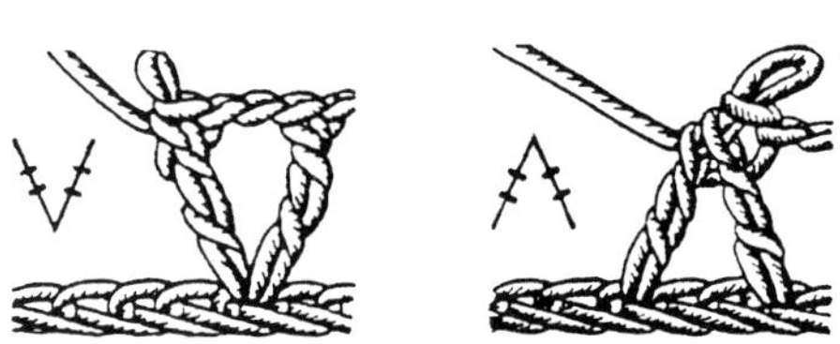

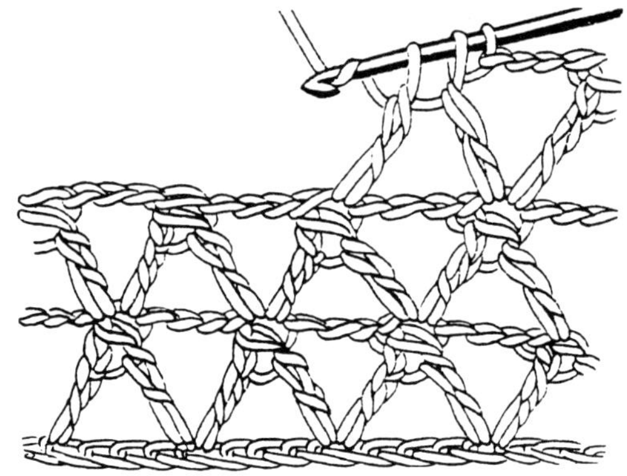

13. Häkeln eines Ringes
Luftmaschenkette, Nadel in die 1. Lftm. einstechen.

14. Häkeln eines Tellers
Ring häkeln und in 1. Reihe 3x soviele Maschen in den Ring häkeln, wie Lftm. sind. Mit Kettmasche schließen und dann Wendeluftmasche je nach Bedarf. In der 2. Reihe in jede Masche 2x häkeln, 3. Runde jede 2. Maschen zunehmen, 4. Runde jede 3. Masche zunehmen usw.

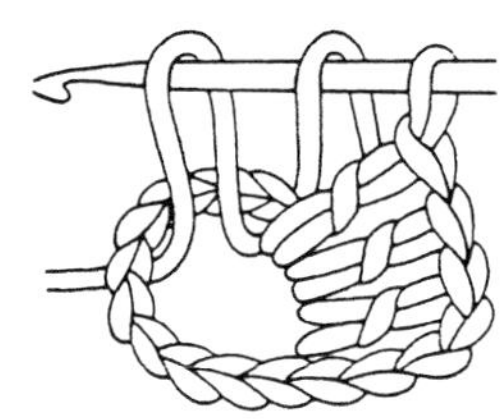

15. Tunesischer Häkelstich

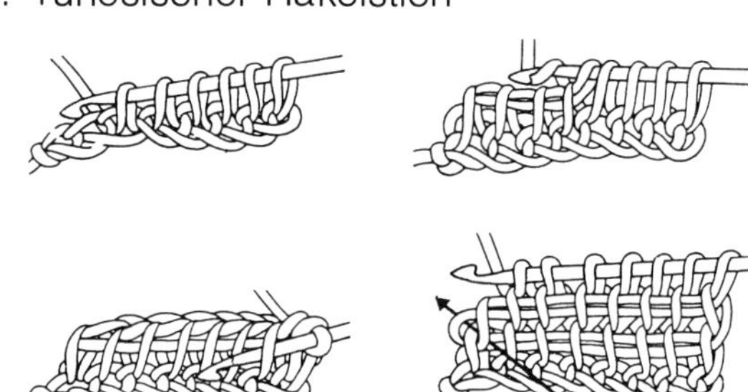

Tunesischer Häkelstich

 = 1 feste Masche (1 Reihe tiefer greifen)

∧ = 2 Maschen zusammen abhäkeln

⌒ = Umschlag

• = Luftmasche

 = Stäbchen über 2 Reihen

 = Dreifache Büschelmasche

 = Zweifache Büschelmasche

| = Glatte Masche

— = Verkehrte Masche

~ = Rückreihe

 = Bauschmasche (3 Reihen tiefer gestochen)

Erläuterungen und Abkürzungen

Wenn es erforderlich war, wurden den einzelnen Mustern kurze zusätzliche Erläuterungen beigefügt. Die gebräuchlichsten Abkürzungen dabei sind:

Abb.	=	Abbildung
abn.	=	abnehmen
abk.	=	abketten
abschl.	=	abschließen
bzw.	=	beziehungsweise
Kn.	=	Knäuel
M	=	Masche
Mu.	=	Muster
R	=	Reihe
Rd.	=	Runde
Rg.	=	Ring
Schl.	=	Schlinge
U	=	Umschlag
übspr.	=	überspringen bzw. auslassen
Vorr.	=	Vorreihe
Wm.	=	Wendemasche
wd.	=	wiederholen von . . . bis . . .
1 2 3	=	Nummerierung von Arbeitsgängen
	=	Richtungsweiser f. d. Weiterarbeiten

Pikots ▲

oder Ösen, im Volksmund „Mauszahnderln“ genannt, sind gehäkelte Spitzenmaschen, die zur Kantspitze in vielen Varianten oder im Fond der Flächen- und Füllmuster gearbeitet werden.

Verschiedene Ausführungen von Pikots

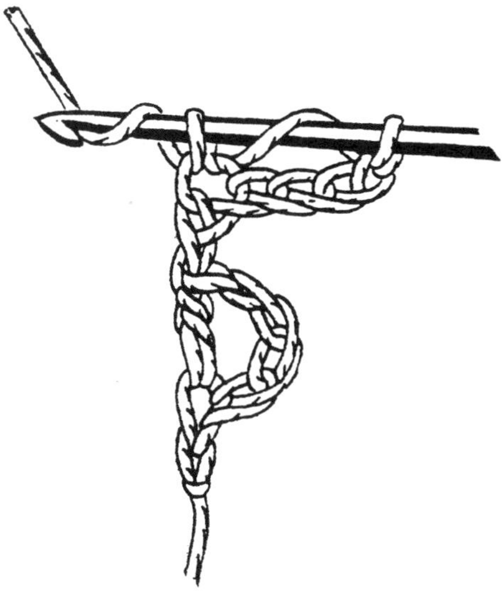

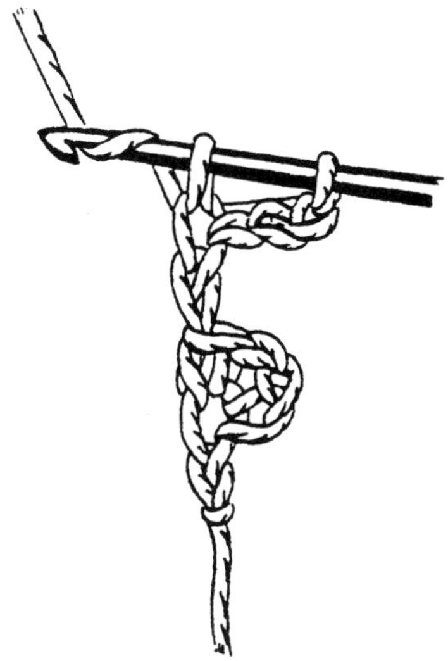

Flächenmuster mit großen Stäbchenmuscheln

Pikots ▲

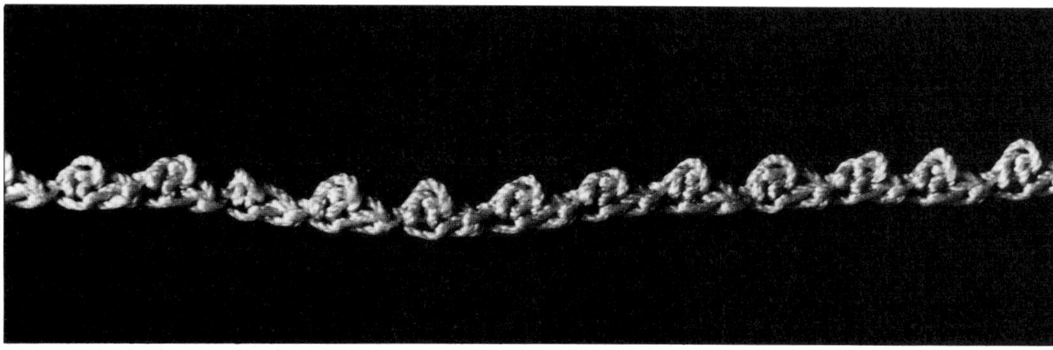

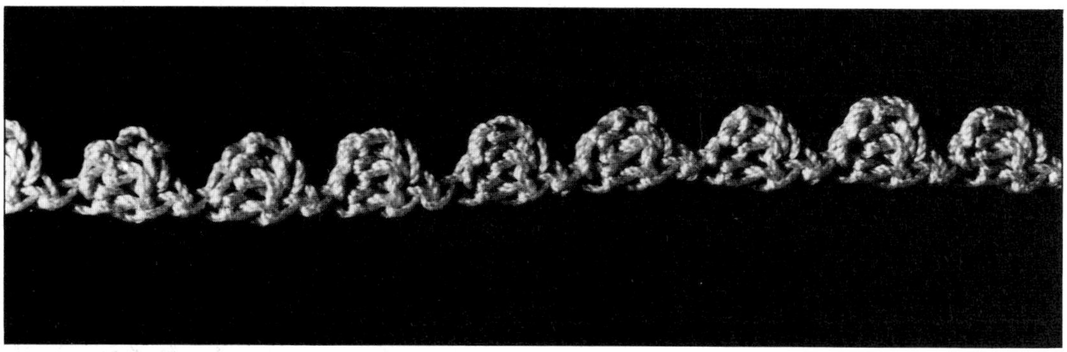

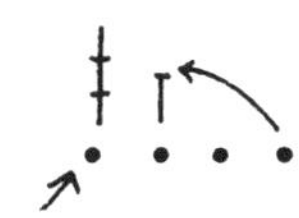

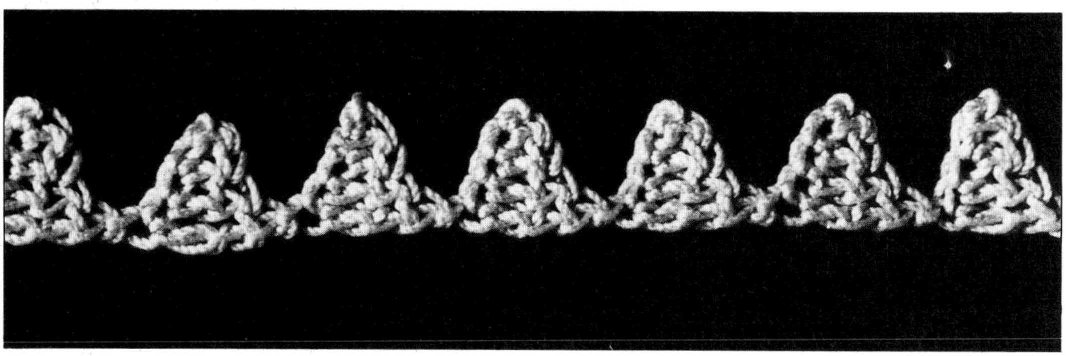

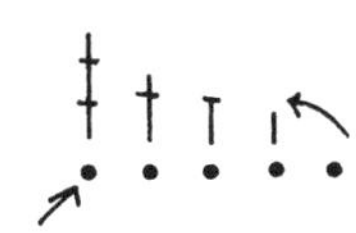

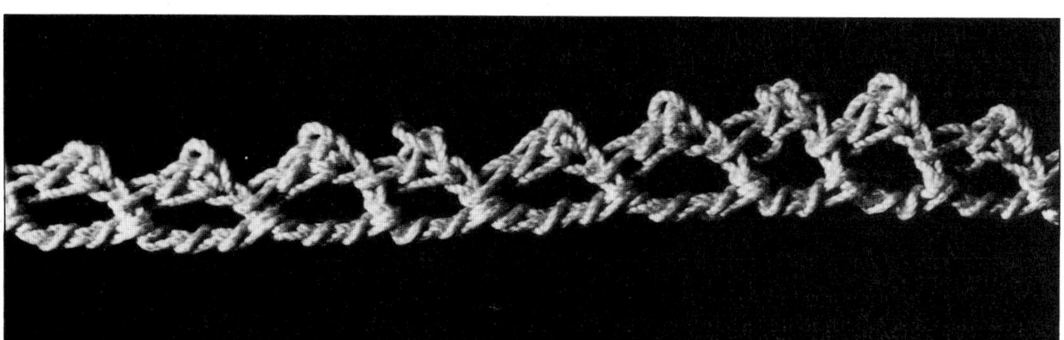

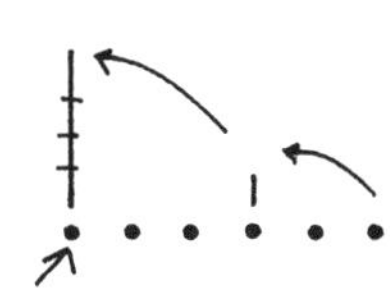

Schmale Spitzen

verwendet man vor allem bei feinem Material wie Trachtenblusen, zur Verzierung von Taschentüchern und Sets, auf Volants von Unterröcken und als Kante von duftigen Vorhängen.

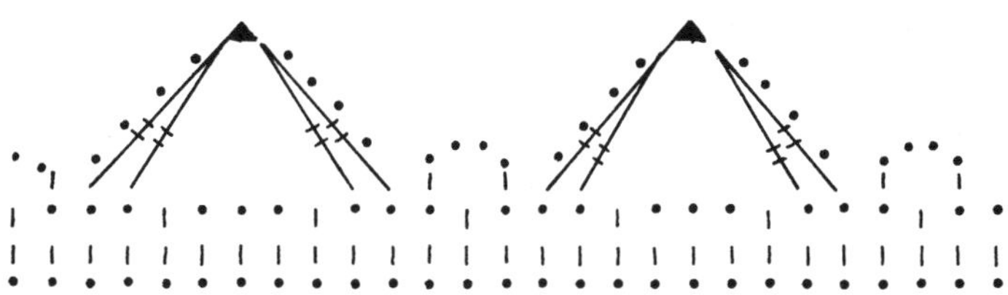

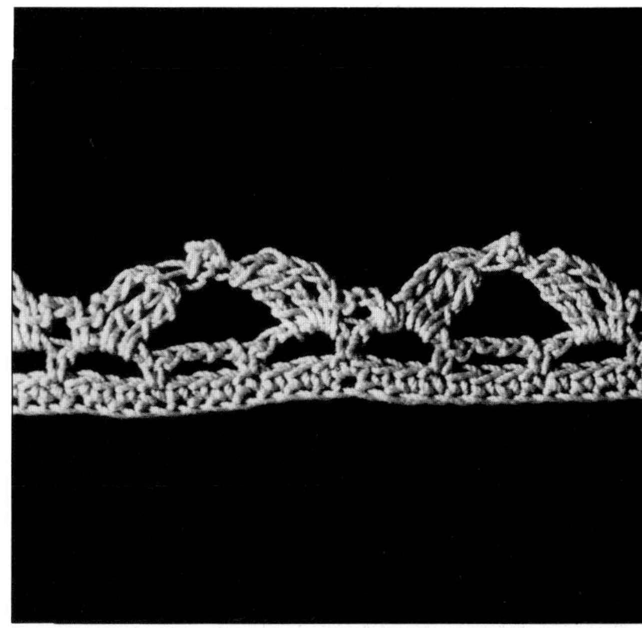

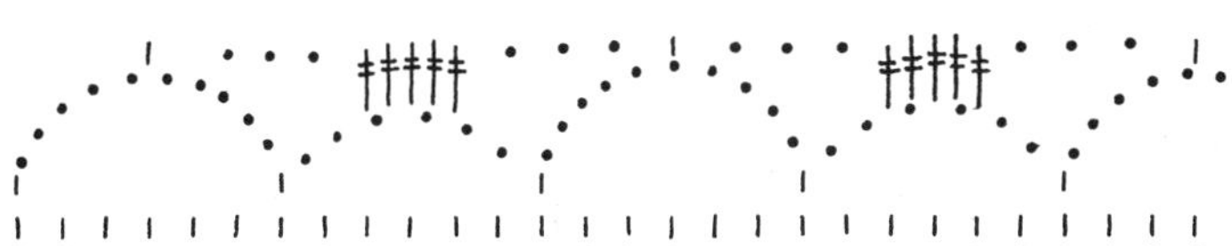

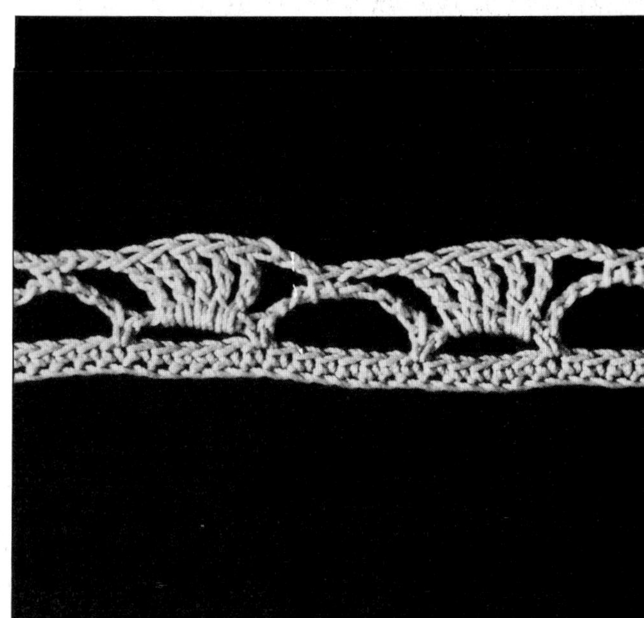

Schmale Spitzen

Bei der 3. fM. wird mit einer Km das Vorbogerl angehängt

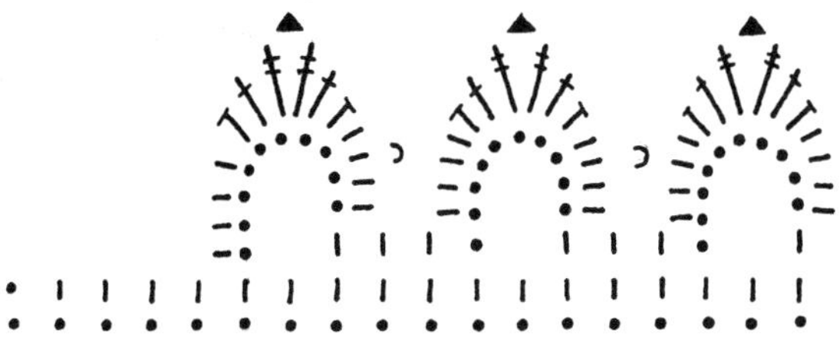

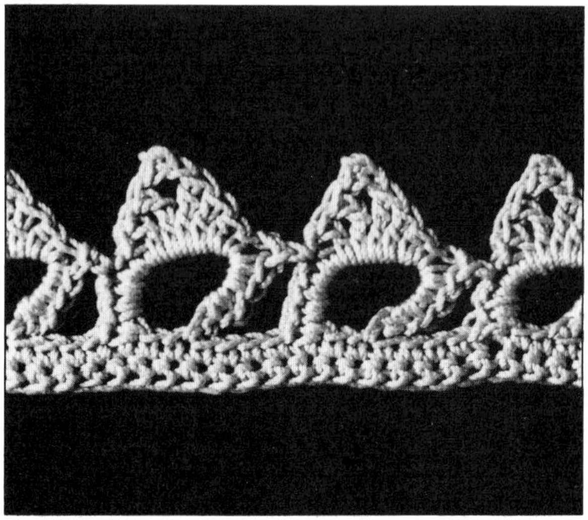

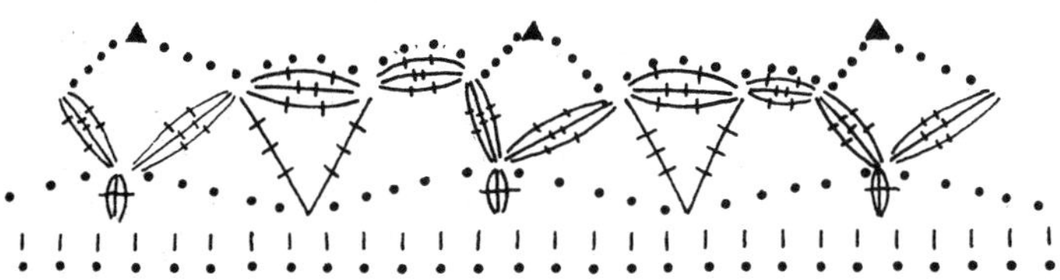

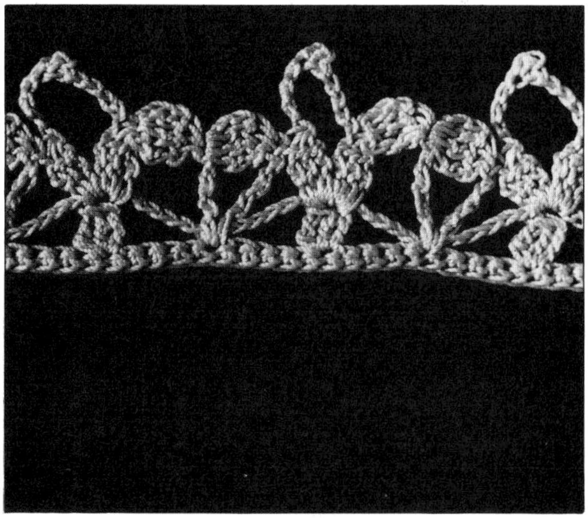

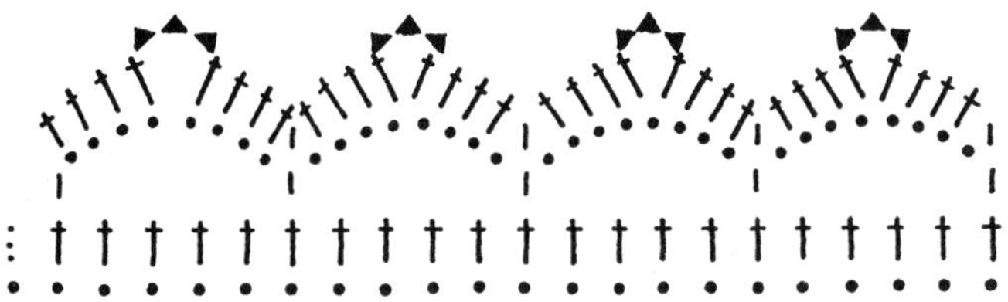

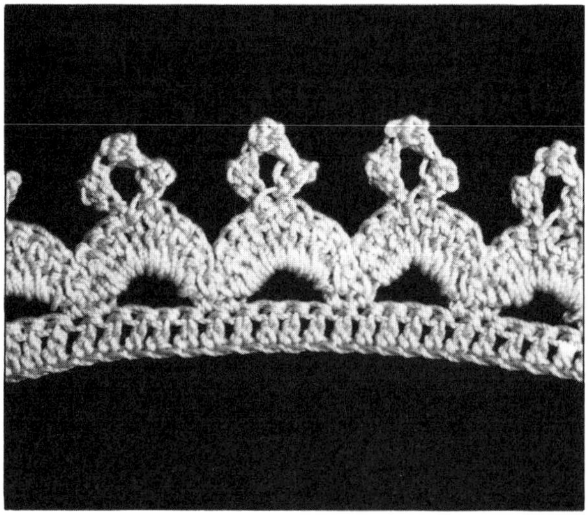

Schmale Spitzen

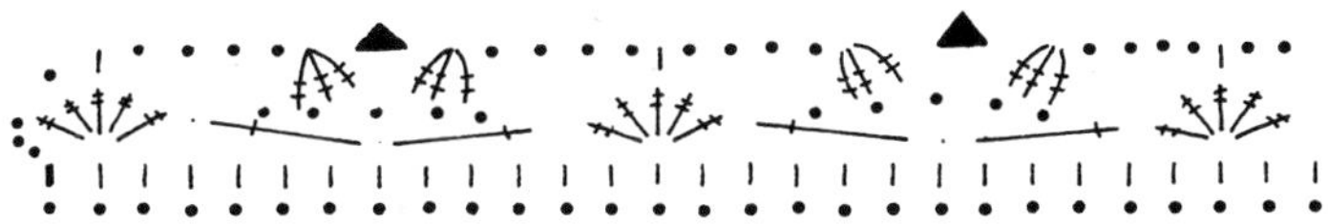

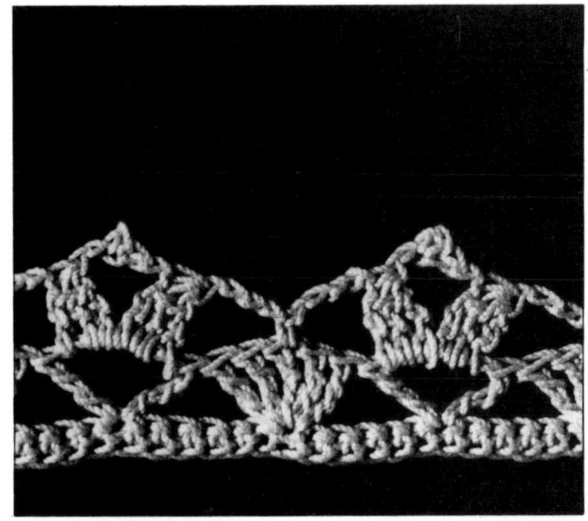

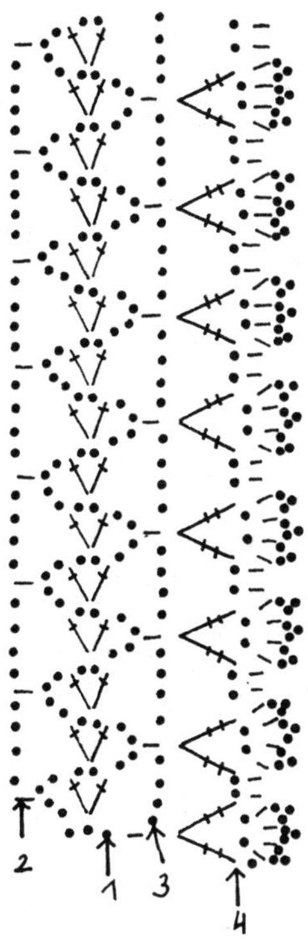

Eignet sich durch die
4 Arbeitsgänge auch
zum 2-Farbenhäkeln

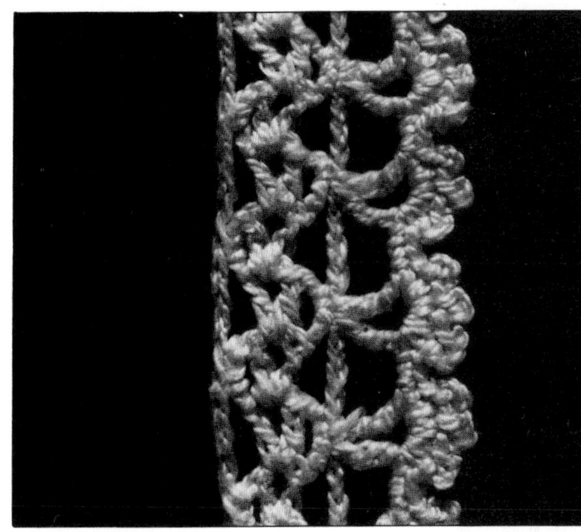

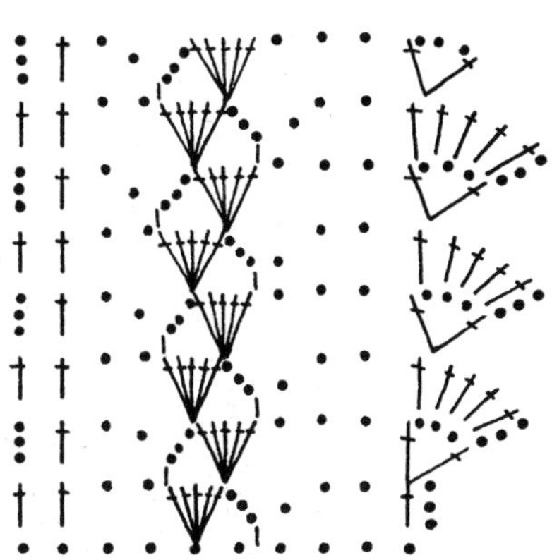

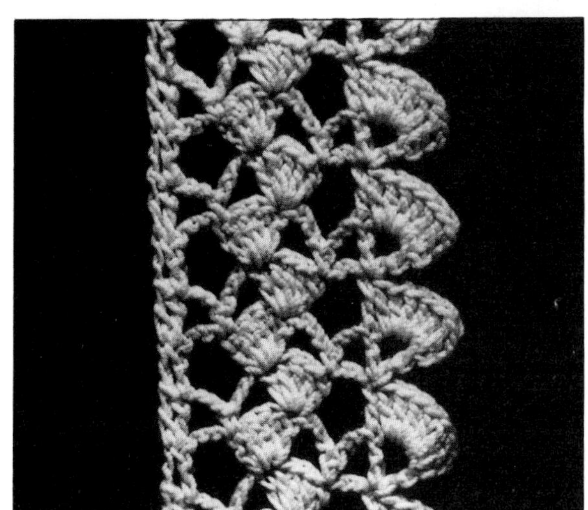

Schmale Spitzen

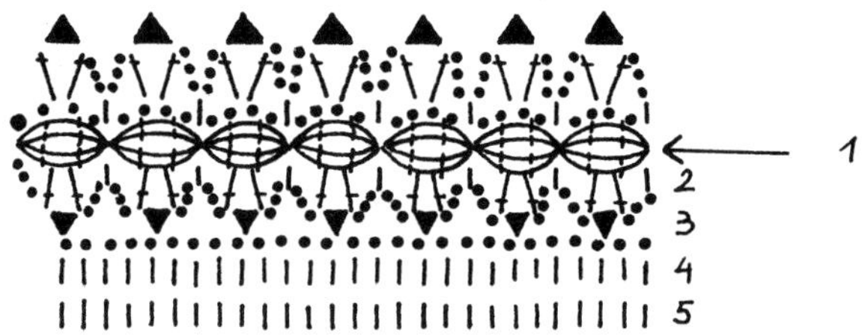

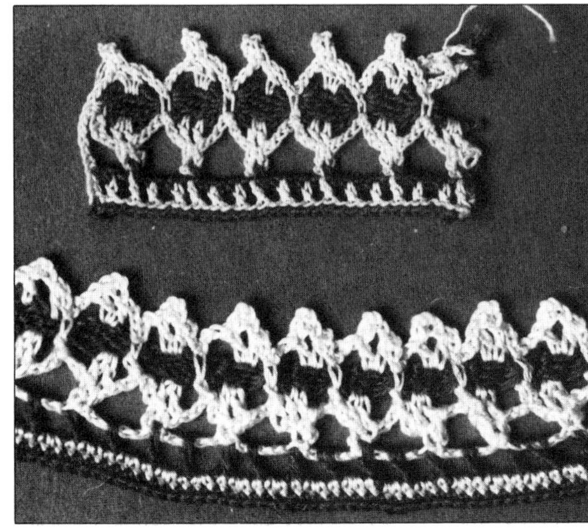

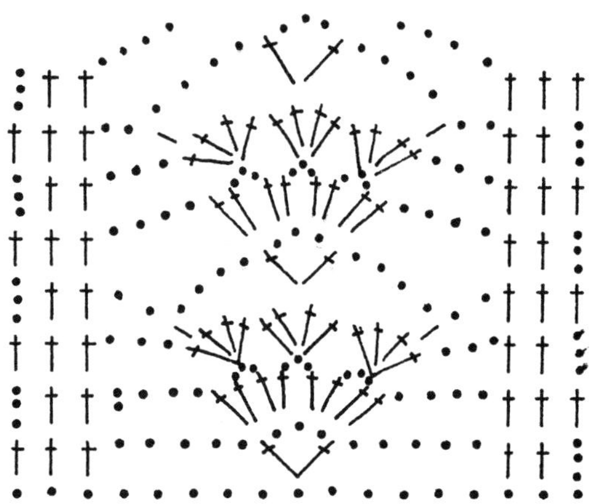

Einsatz- und Zwischenspitze, wirkt auch als Mittelspitze zwischen Stoffbahnen schön und kann beidseits leicht verbreitert werden.

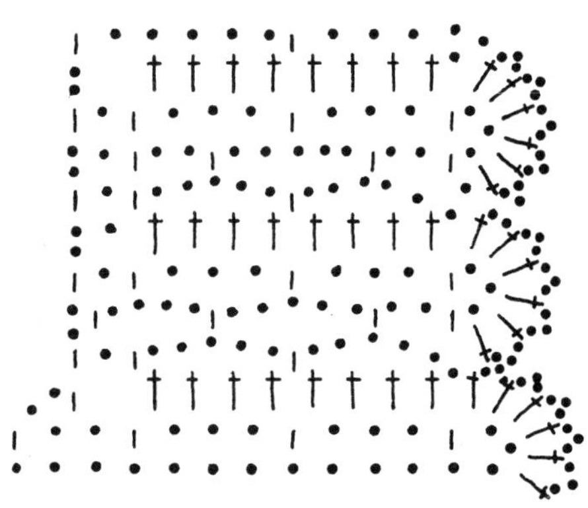

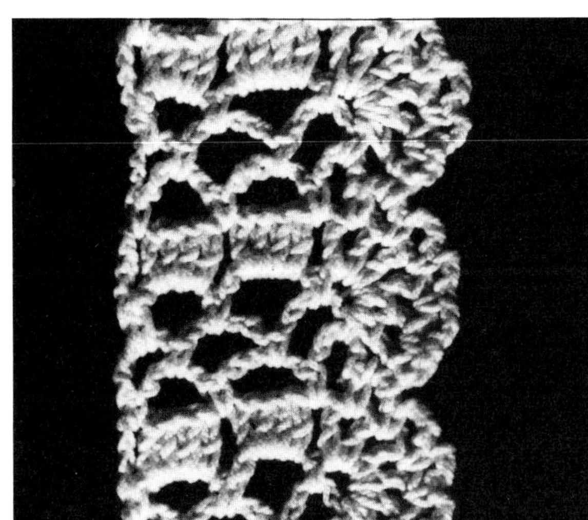

Handwebedecken mit Kreuzstich und roter Spitze

Alte Muster in Kreuzstich- und Häkelarbeit

Handdruckmuster mit Spitzen in gleichfarbigem Leinengarn

Schmale Spitzen

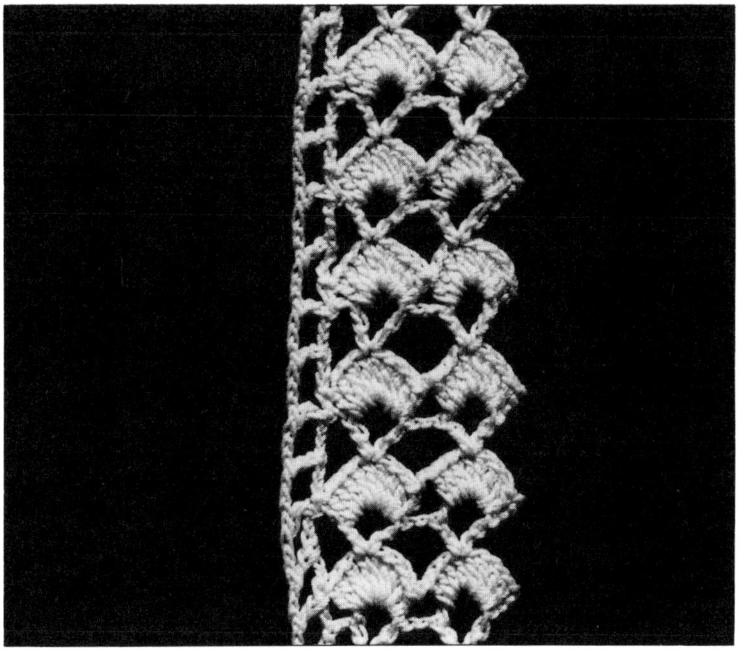

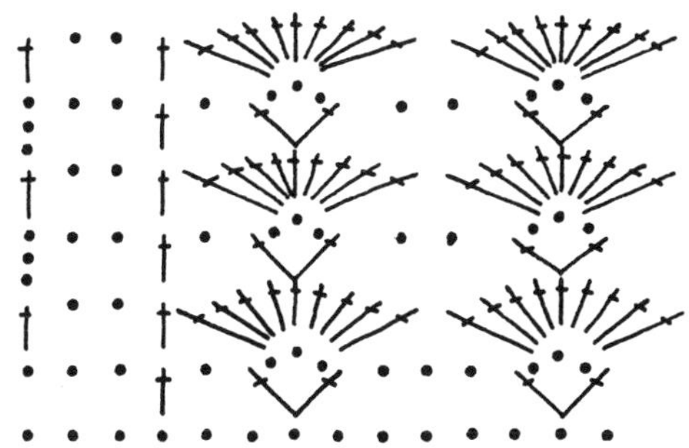

Mittelbreite Spitzen

vorwiegend für Vorhänge, Unterröcke und Handtücher gedacht, sind besonders wirkungsvoll, wenn sie zu Handwebeleinen in gleichfarbigem Faden gehäkelt werden. Dabei ist auf sehr regelmäßiges Arbeiten zu achten.

Für alle folgenden Spitzen ist nur ein Arbeitsvorschlag in Häkelschrift dargelegt. Für Geübte ist, — besonders bei Zweifarbigkeit — manche Variante möglich.

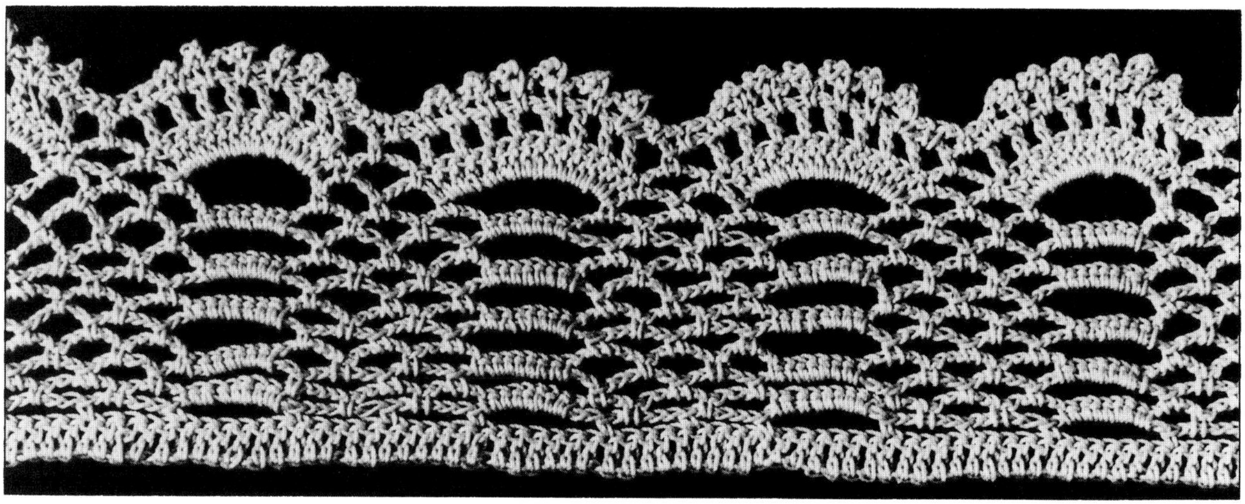

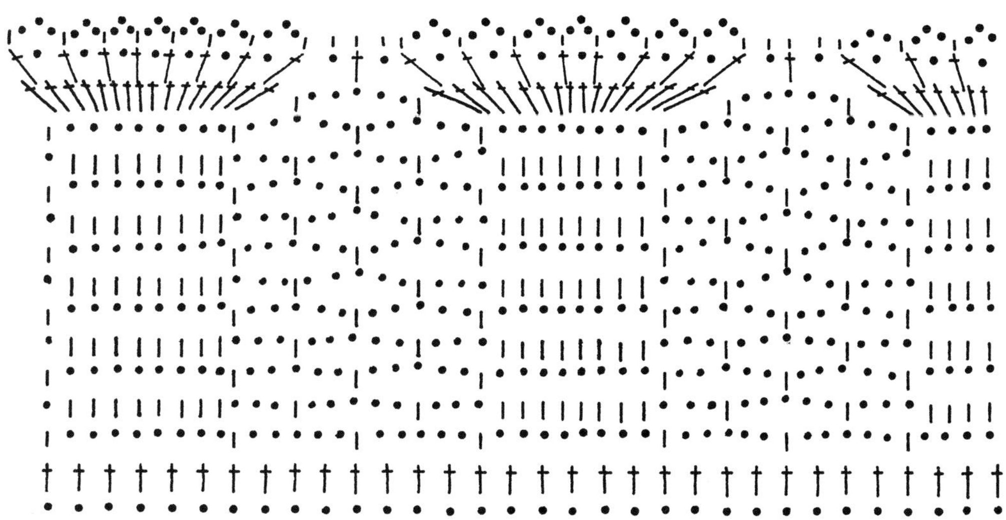

Mittelbreite Spitzen

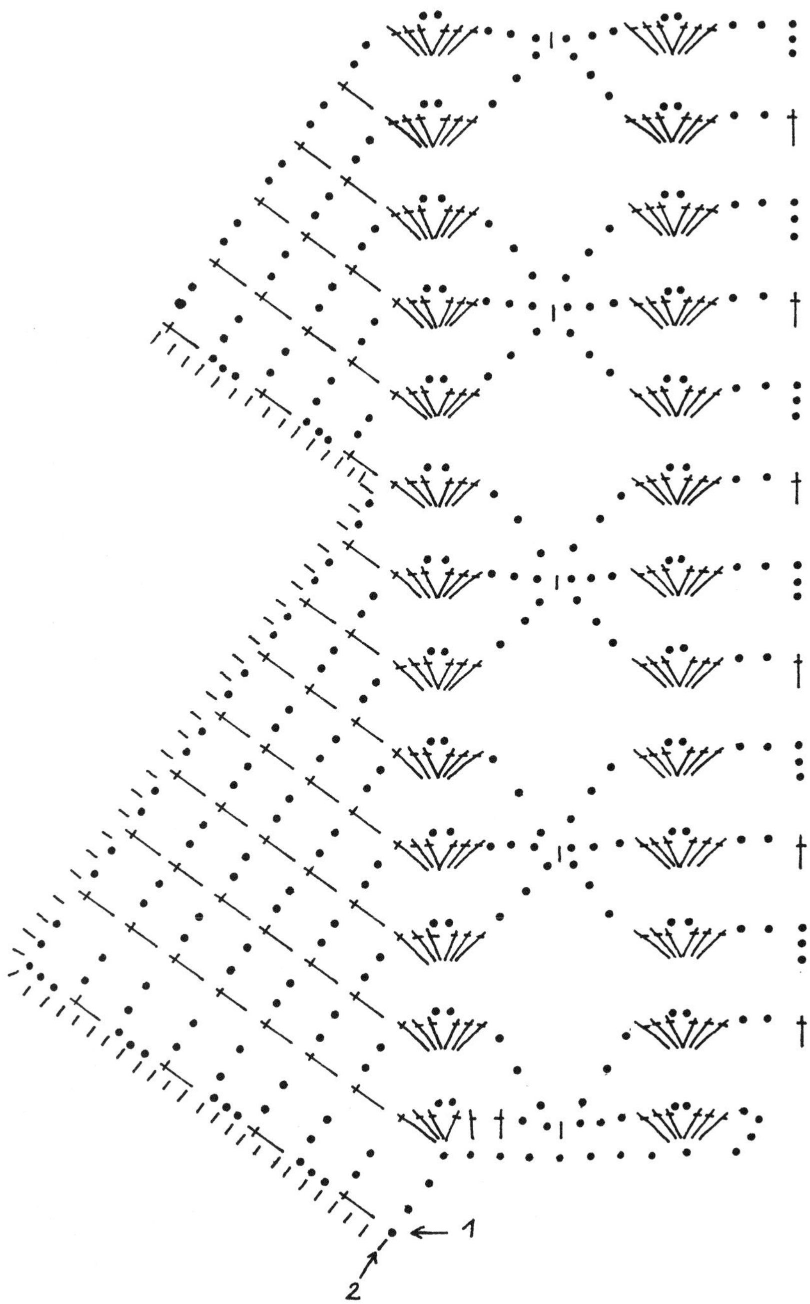

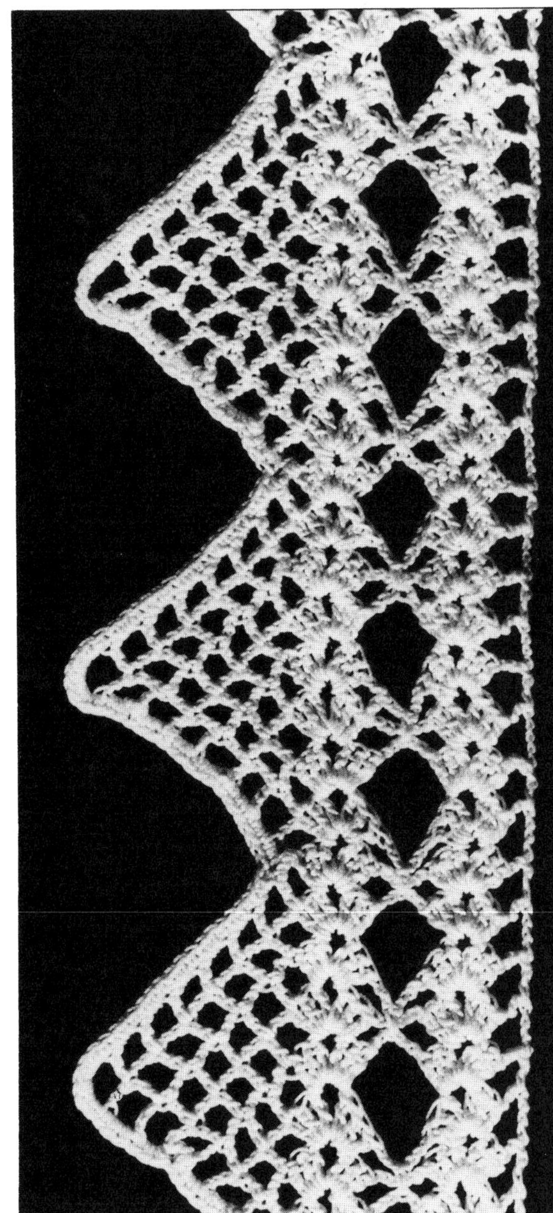

Mittelbreite Spitzen

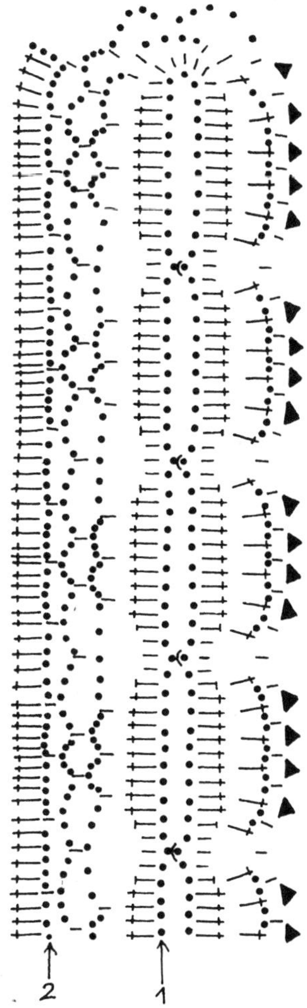

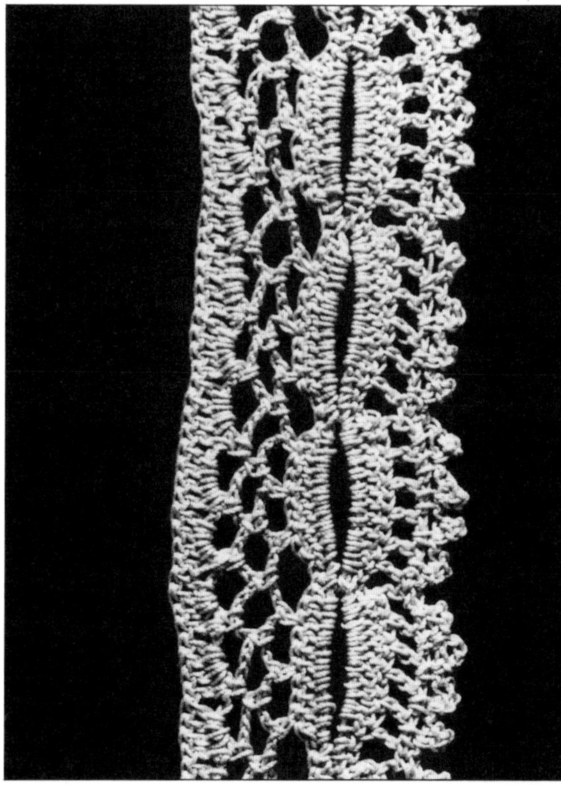

Diese Spitze beginnt mit dem Luftmaschenanschlag in der gewünschten Länge, da zuerst der im 2. Arbeitsgang mit Stäbchen umhäkelte Mittelteil gefertigt wird.

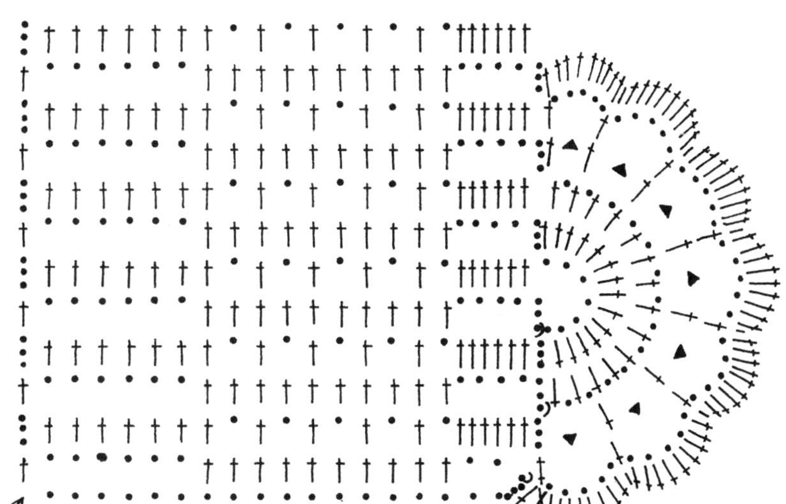

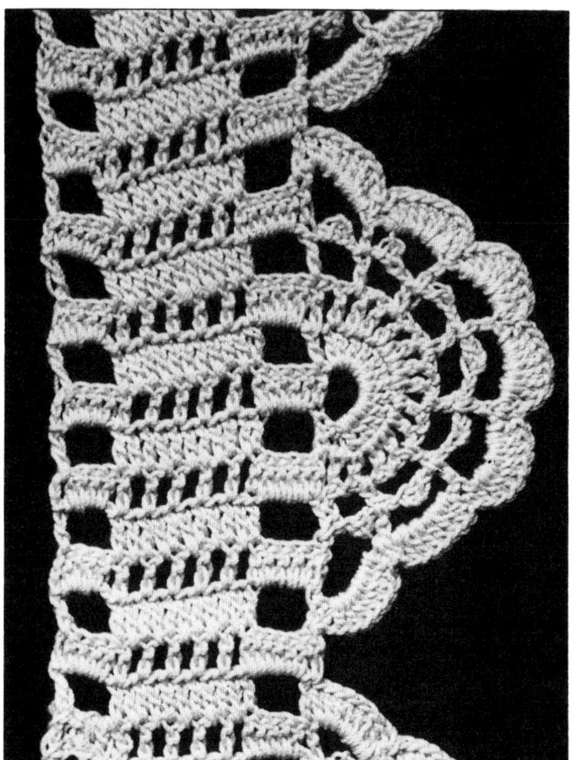

Mittelbreite Spitzen

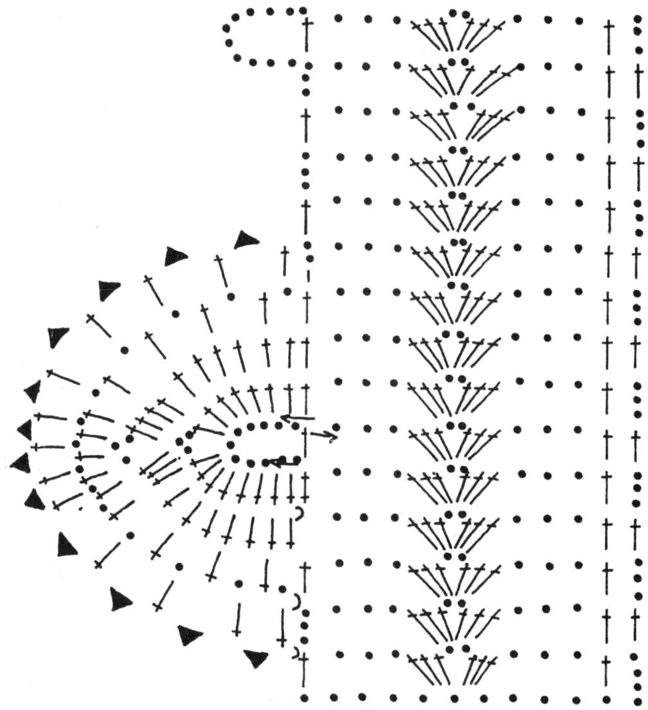

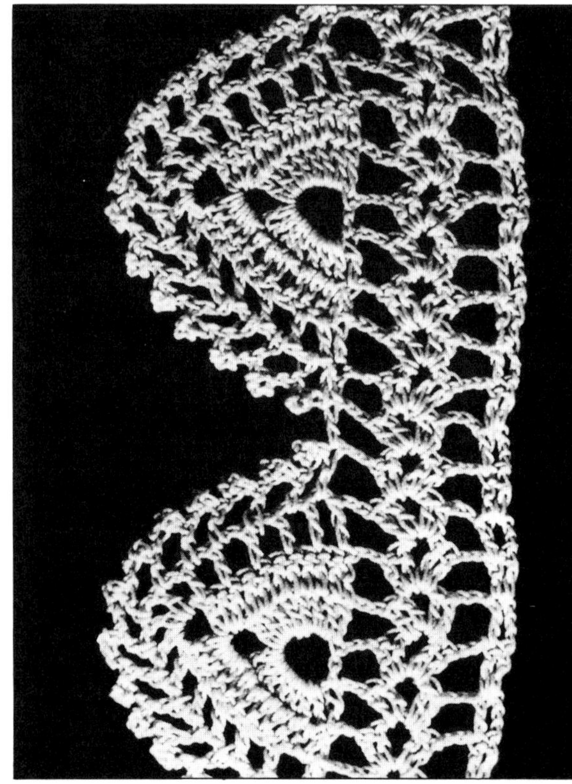

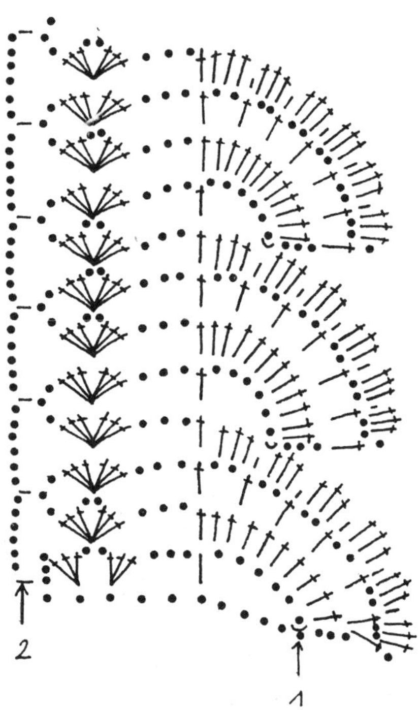

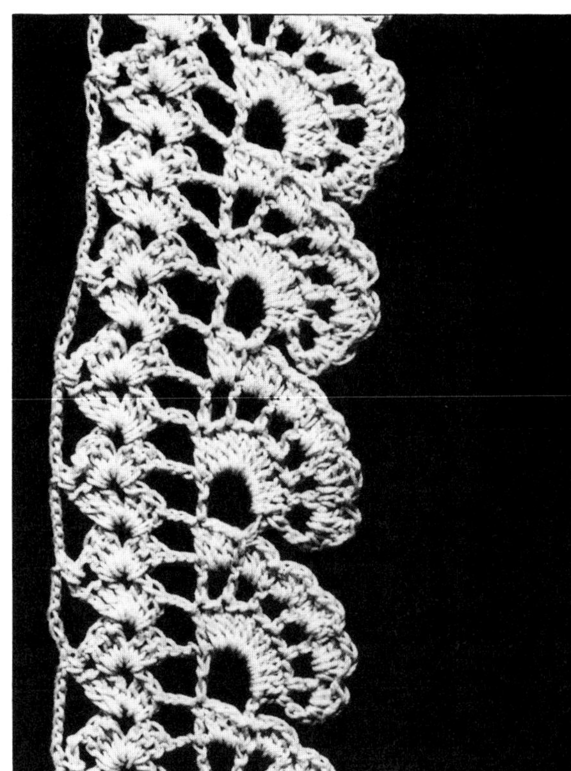

Mittelbreite Spitzen

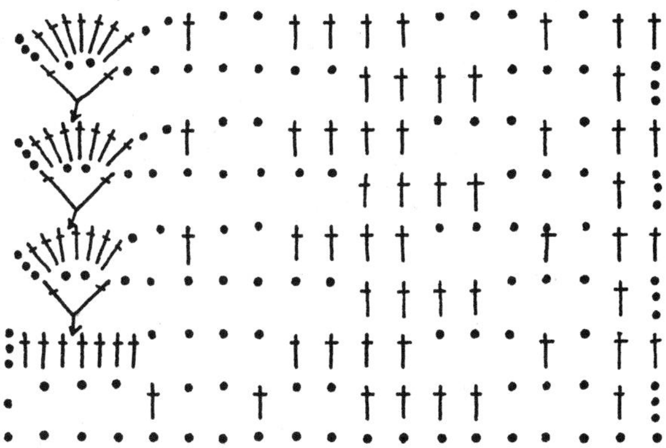

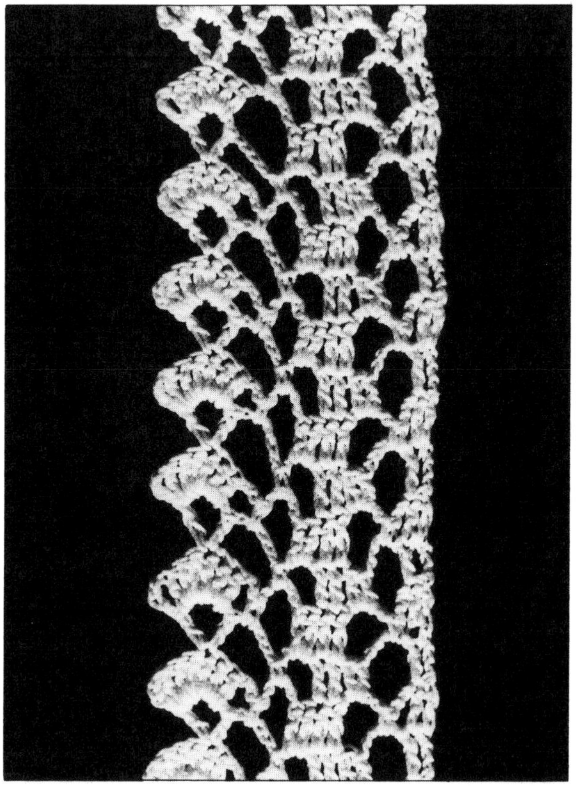

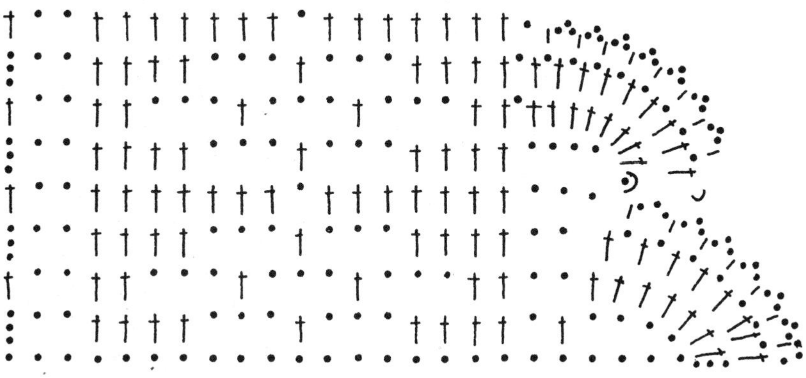

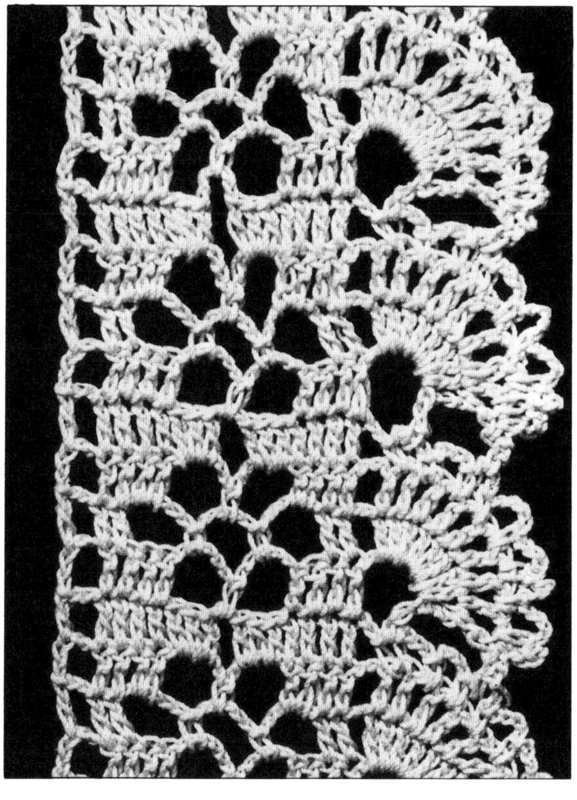

Mittelbreite Spitzen

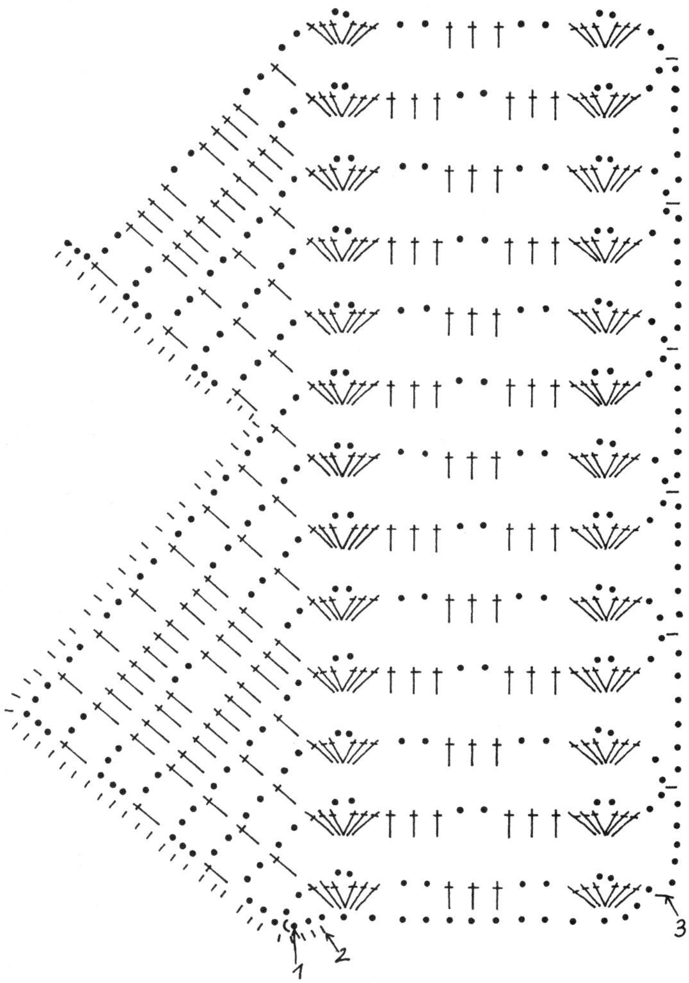

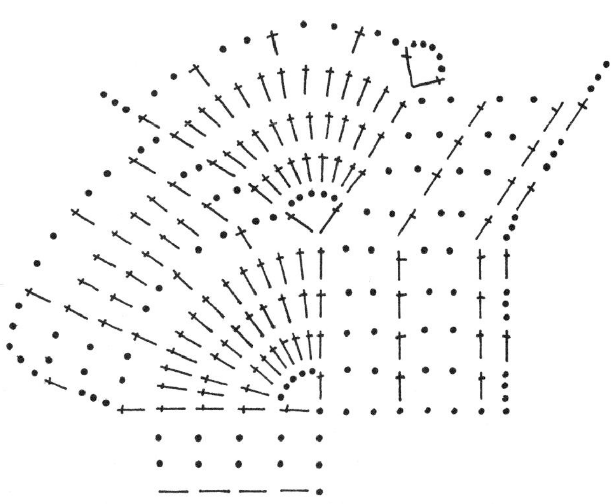

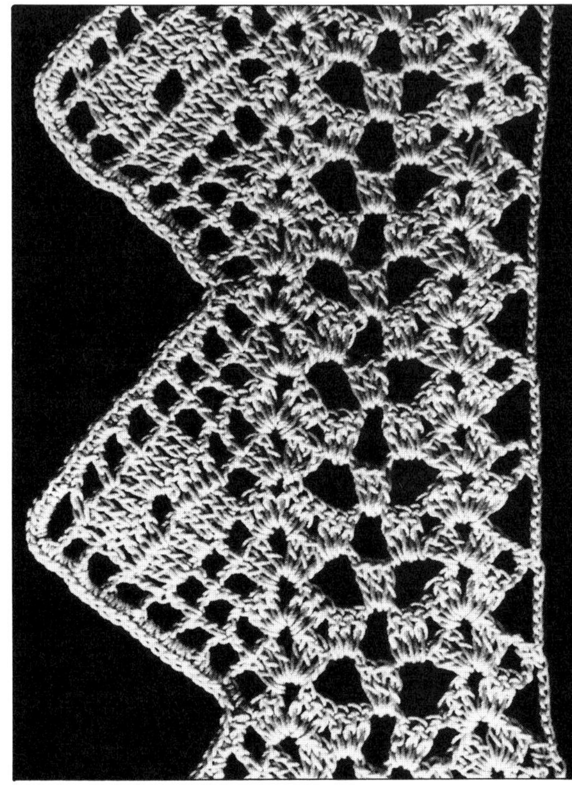

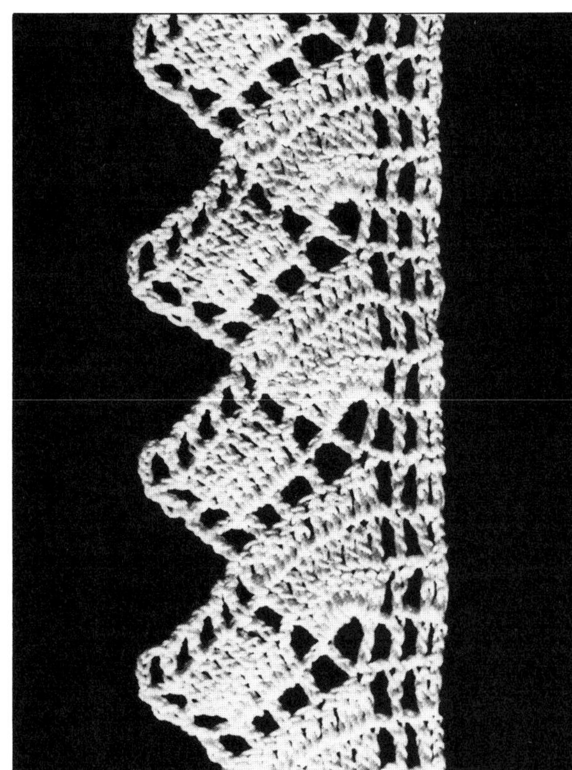

Mittelbreite Spitzen

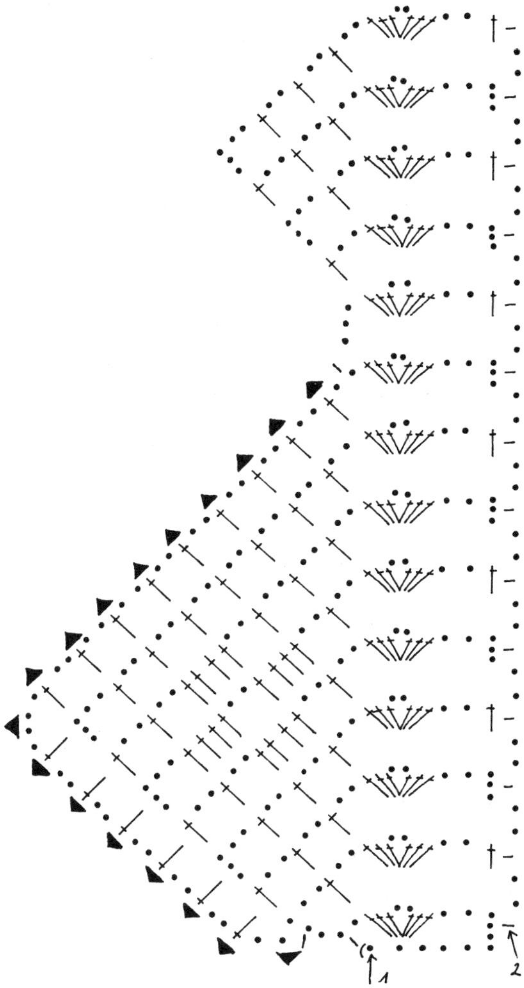

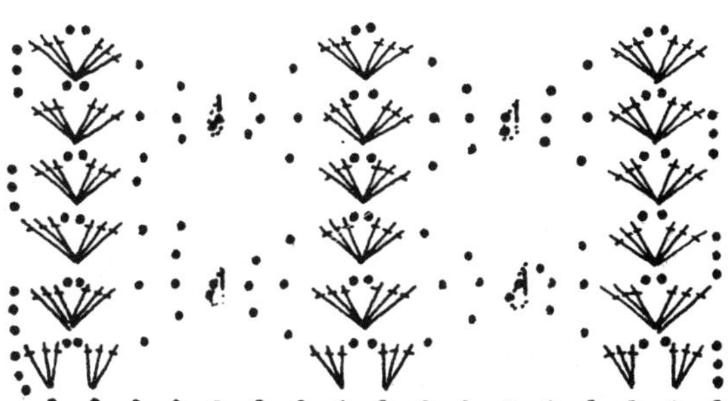

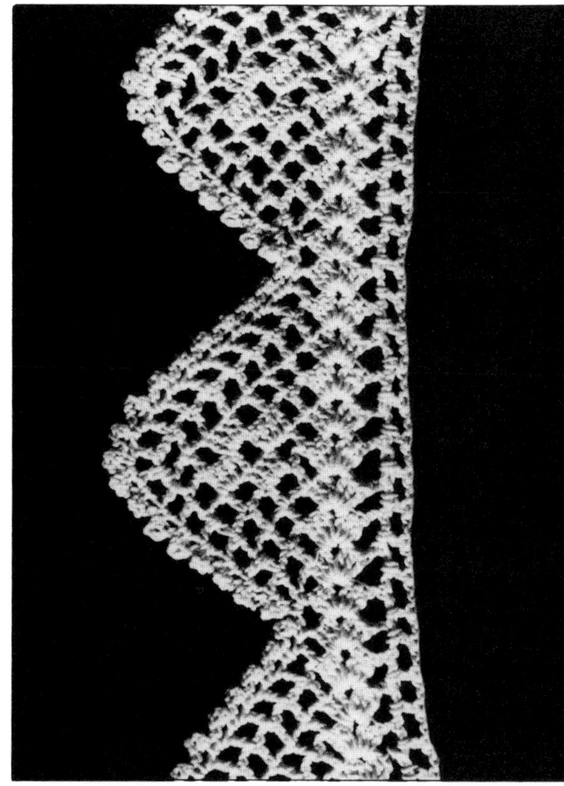

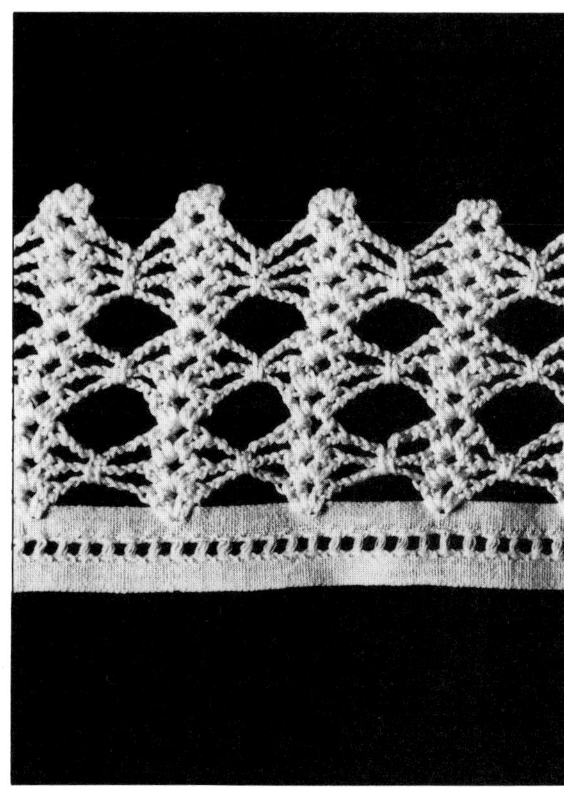

Hier wurde die Spitze auf ein Bändchen gearbeitet, kann natürlich auch mit Luftmaschenanschlag begonnen werden.

Mittelbreite Spitzen

Die Luftmaschenkette wird später eingezogen und kann in rotem oder blauem Garn gefertigt werden.

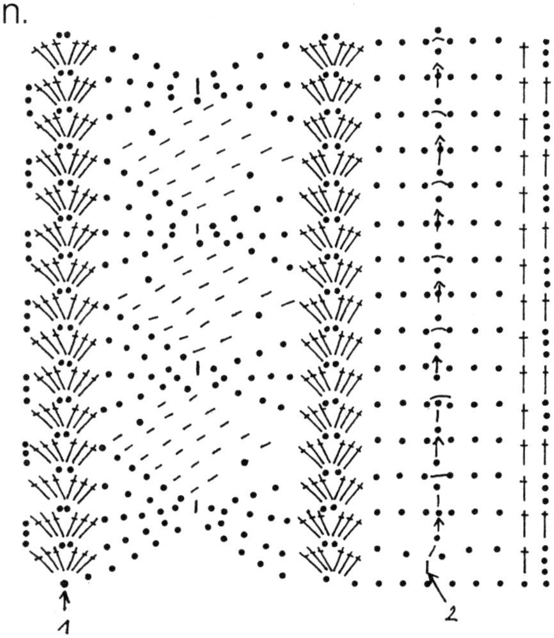

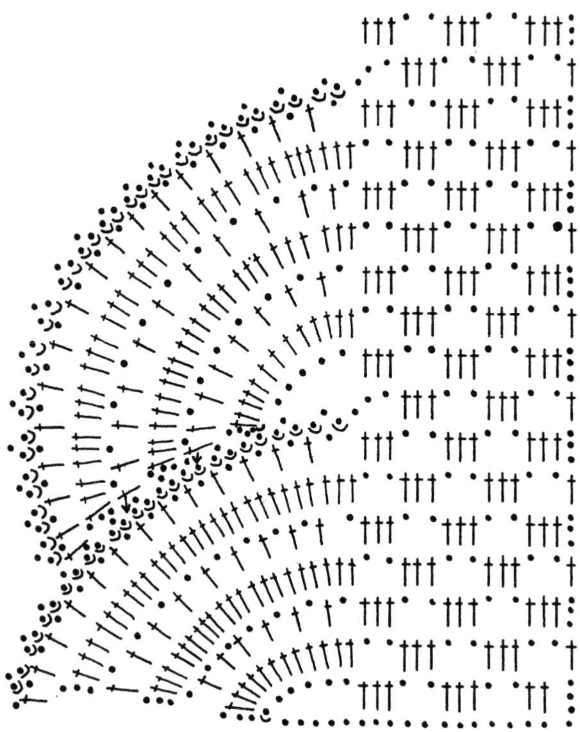

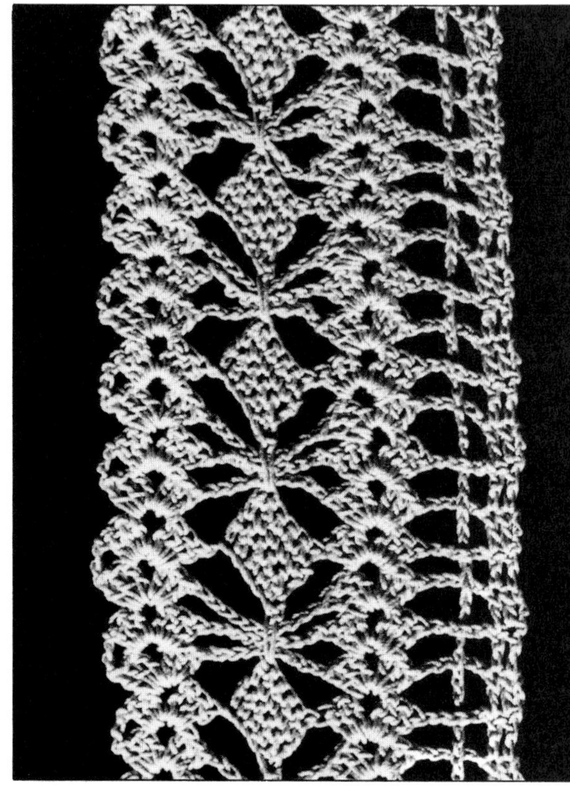

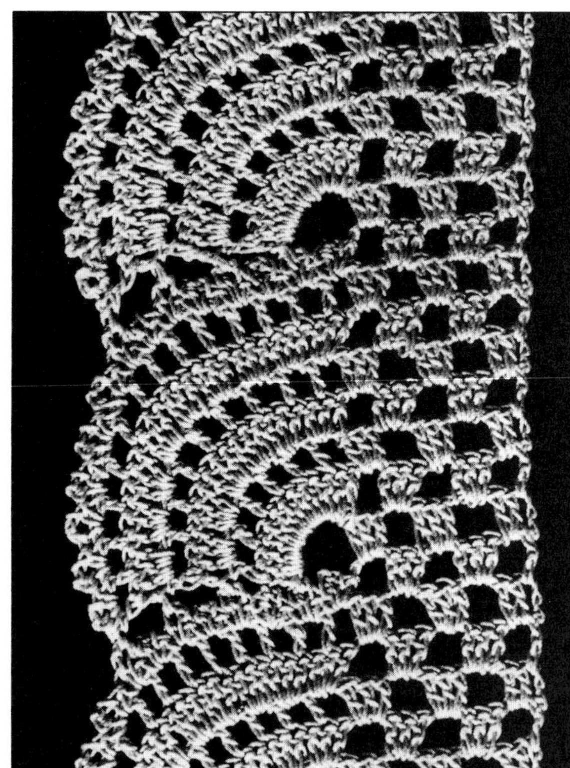

Mittelbreite Spitzen

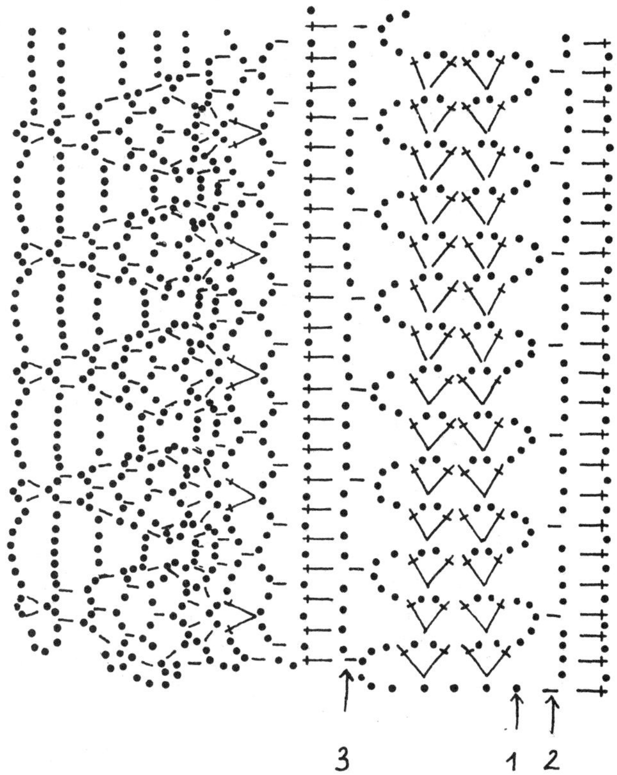

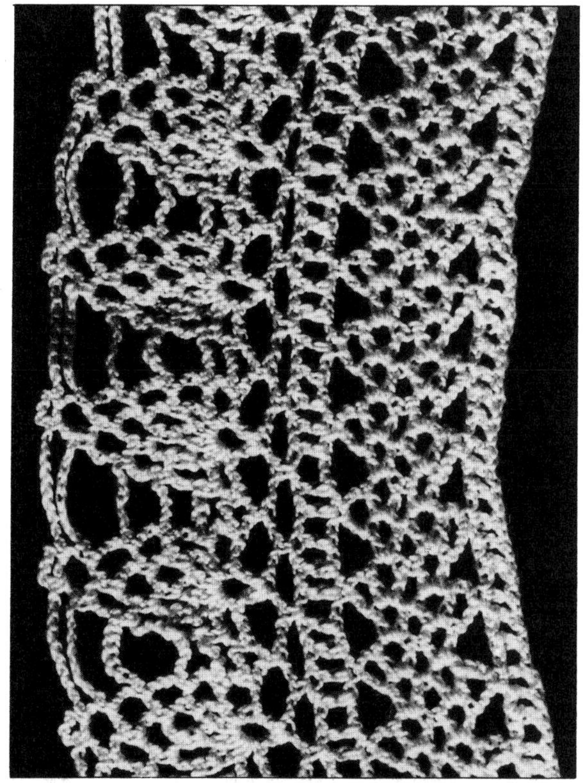

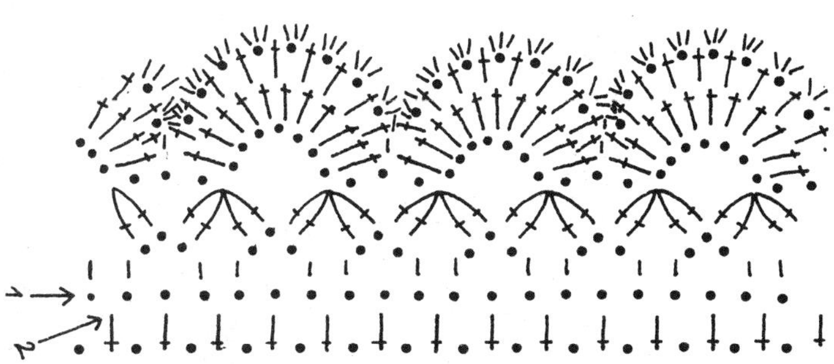

Rundspitzen waren besonders beliebt, die „Unaussprechlichen" zu verzieren

Spitzen als Kastenstreifen und als Schmuck auf der „Unaussprechlichen“

Handgewebte Handtücher mit gleichfarbigen Spitzen

Kissen mit alten Häkelmustern

Vorhänge mit Handarbeitsspitze sind ein kostbarer Fensterschmuck

Breite Spitzen

sind besonders für große Decken und Vorhänge geeignet. Sie können manchmal auch zweifärbig gehäkelt werden. Verschiedene Arbeitsgänge wurden in der Häkelschrift gesondert bezeichnet und sollen vor Beginn des nächsten vollkommen zu Ende geführt werden.

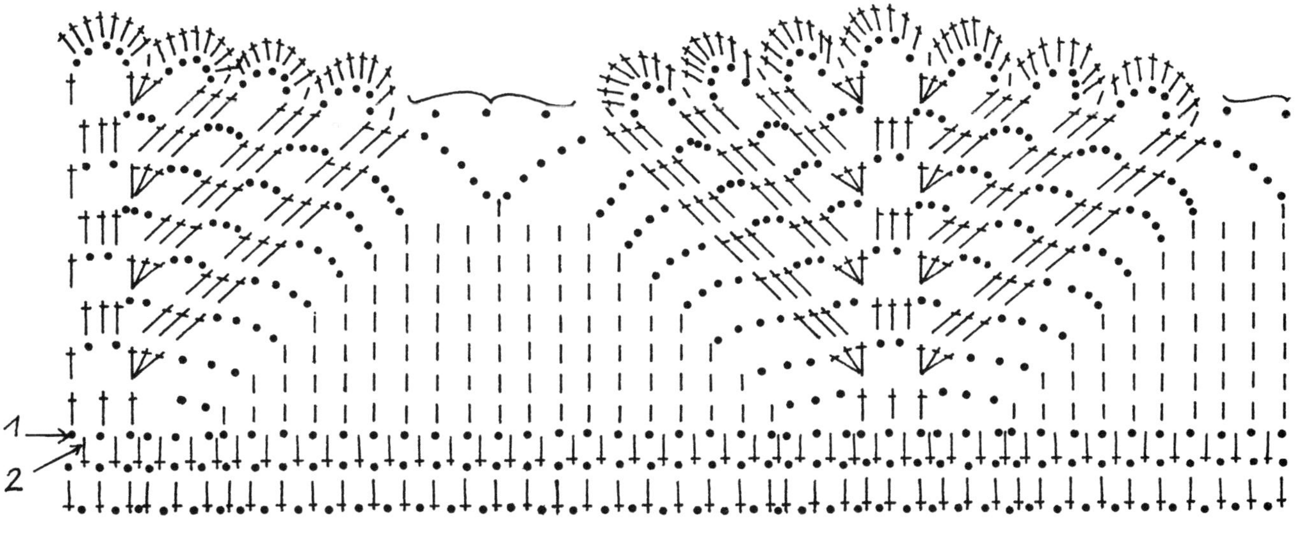

Breite Spitzen

Altes Muster

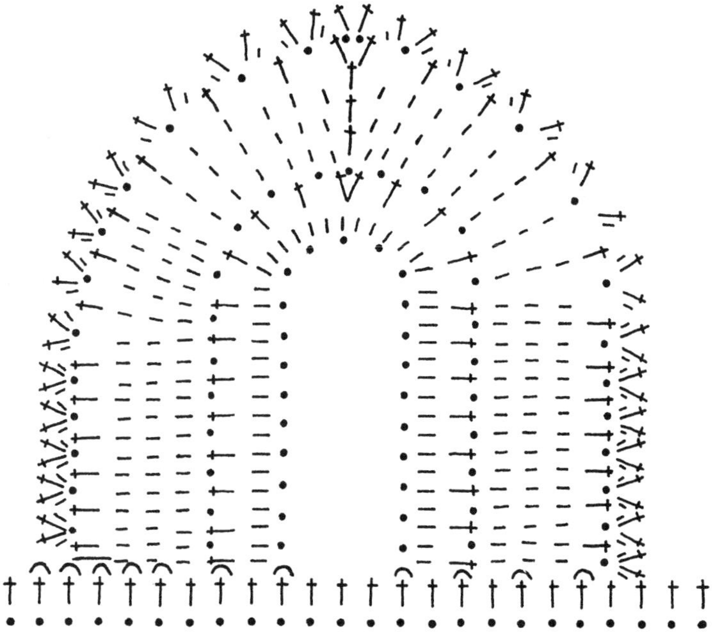

Erneuerung

Breite Spitzen

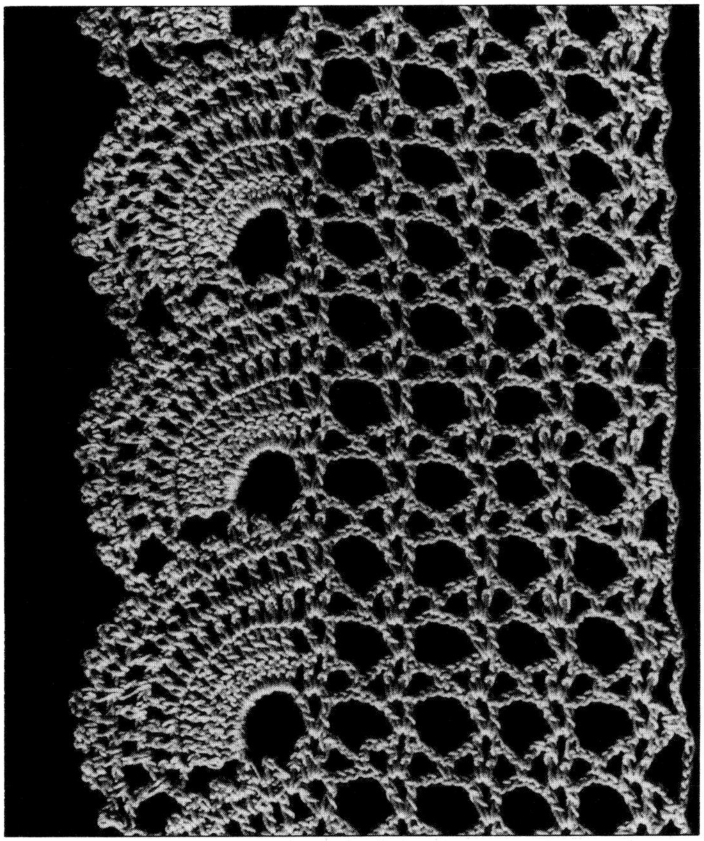

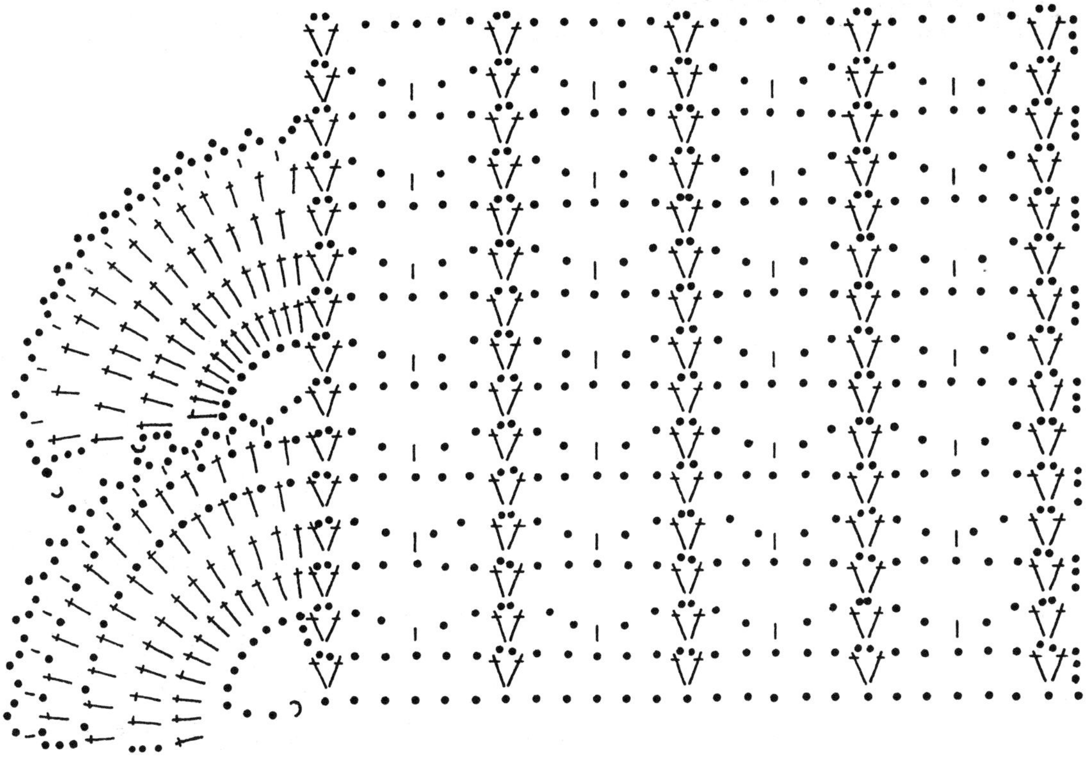

Breite Spitzen

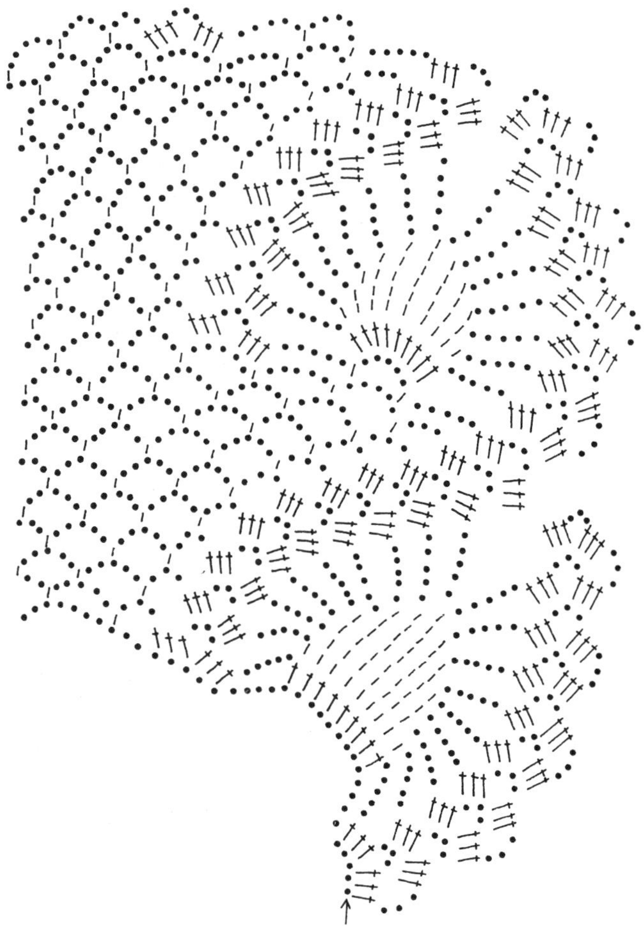

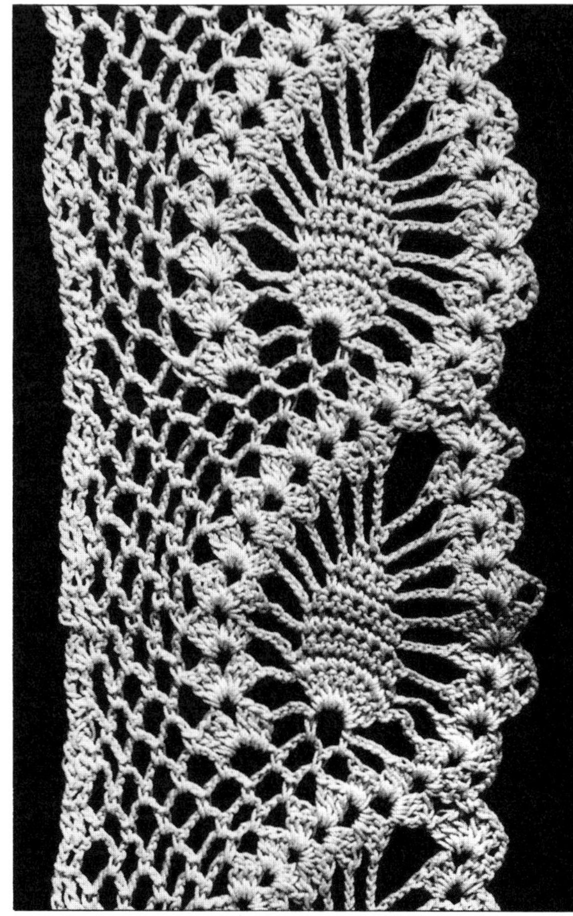

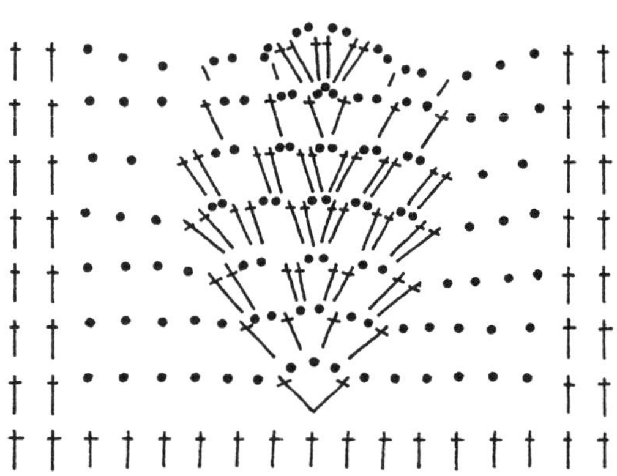

Siehe Farbbild neben Seite 60, links unten

Breite Spitzen

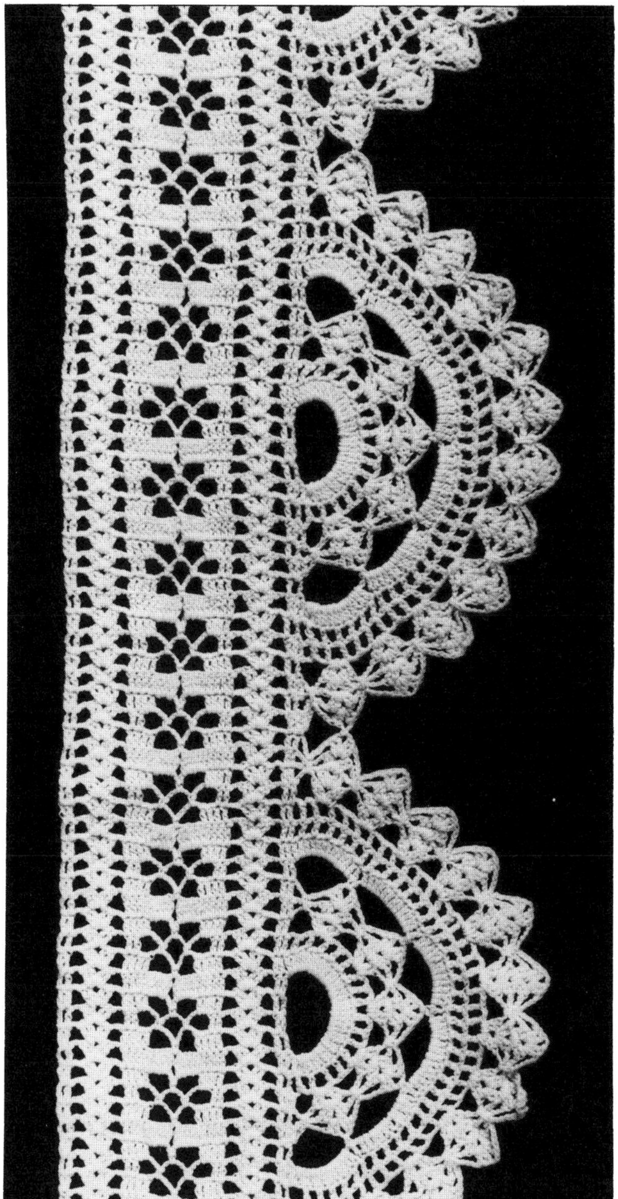

Die alte Spitze —

— in Doppelverarbeitung

Breite Spitzen

Zeichnung zu Abbildung von Seite 41

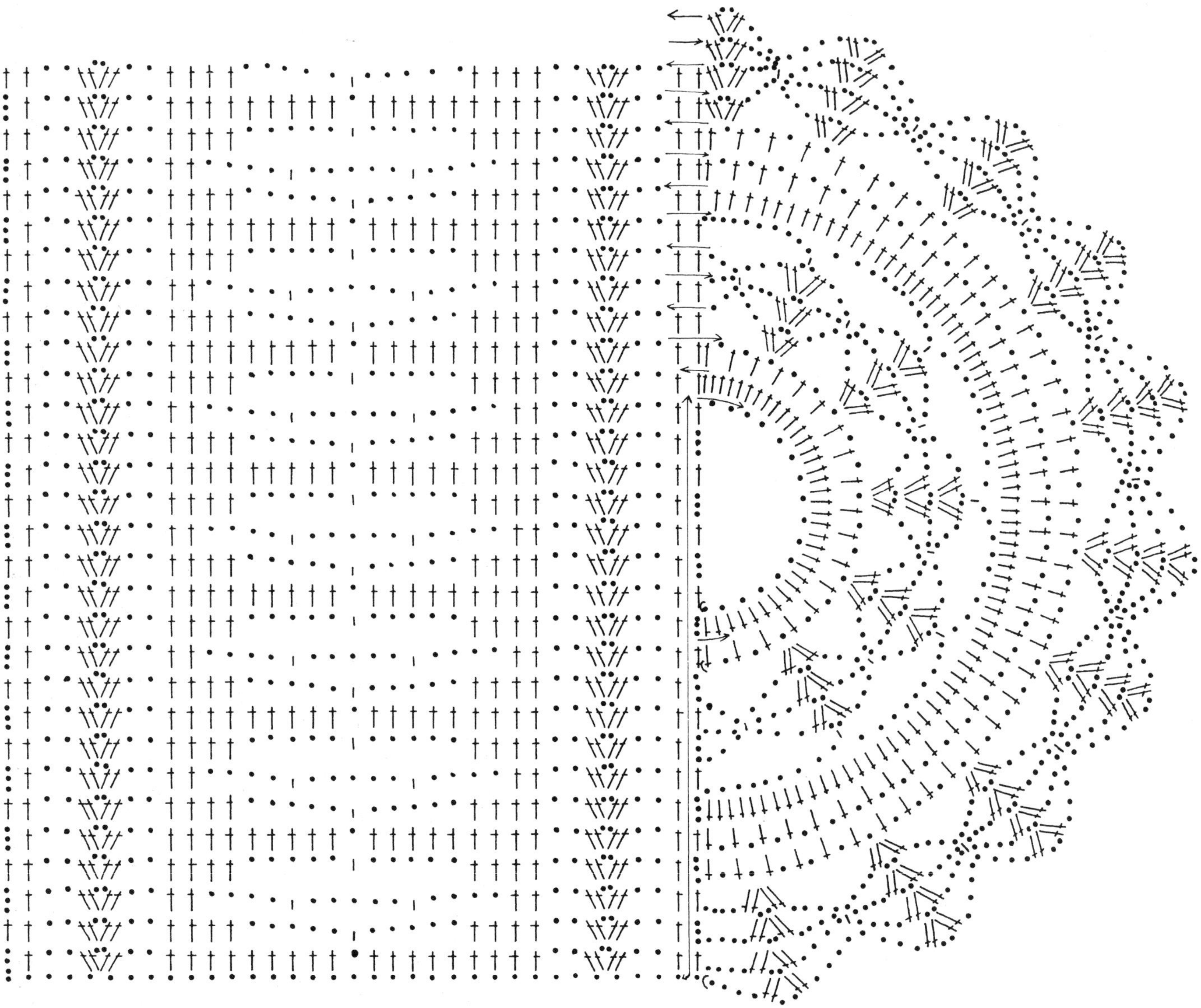

Siehe Farbbild neben Seite 72, rechts unten

Breite Spitzen

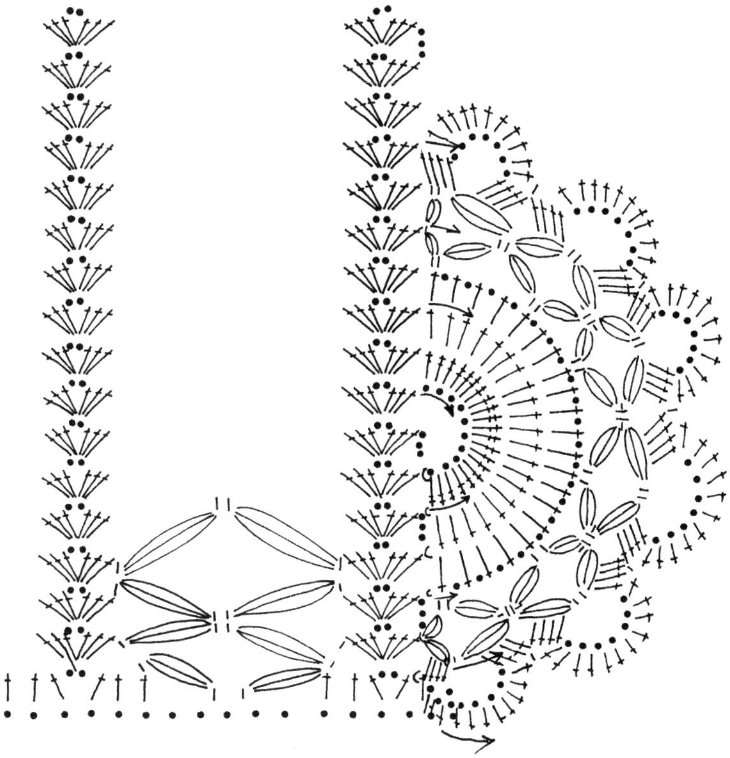

Der im Muster enthaltene Knotenstich wird an anderer Stelle (siehe Flächen- und Füllmuster) genau dargestellt.

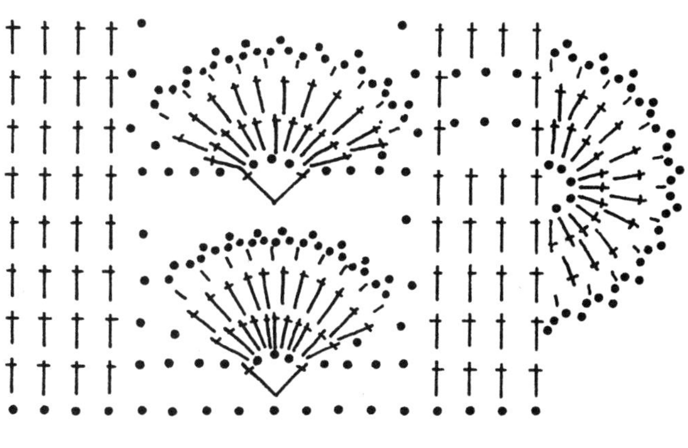

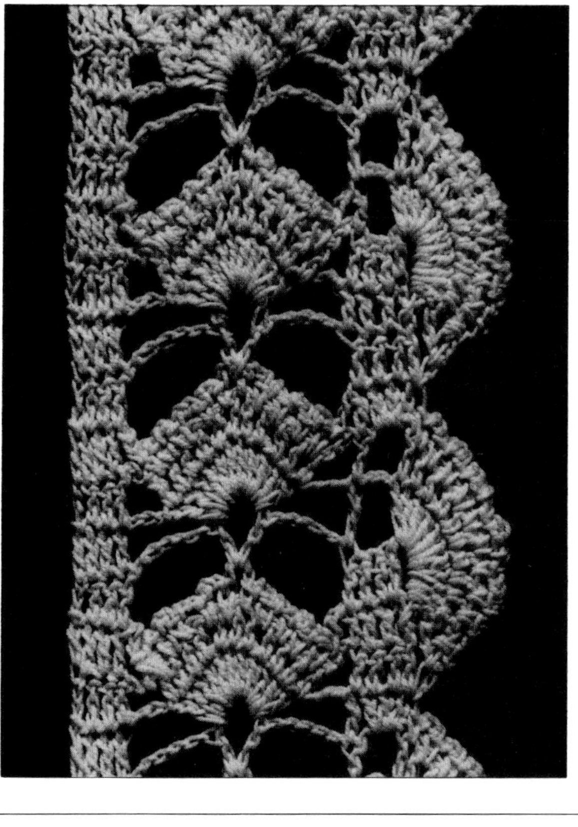

Breite Spitzen

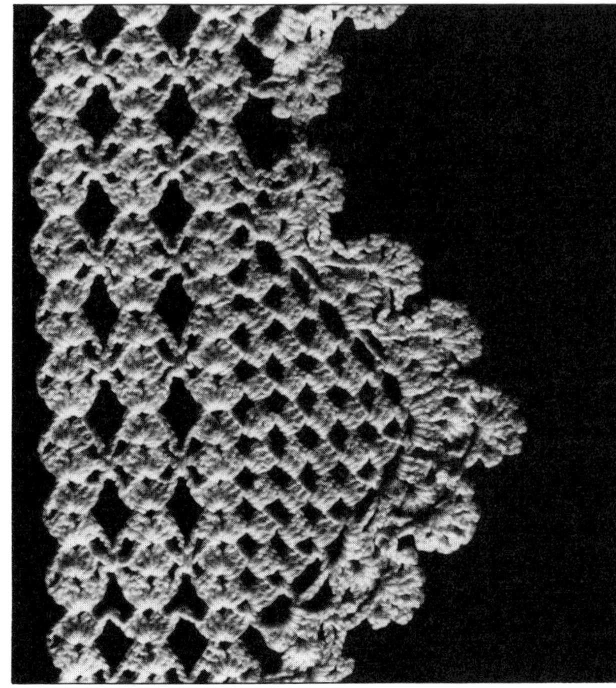

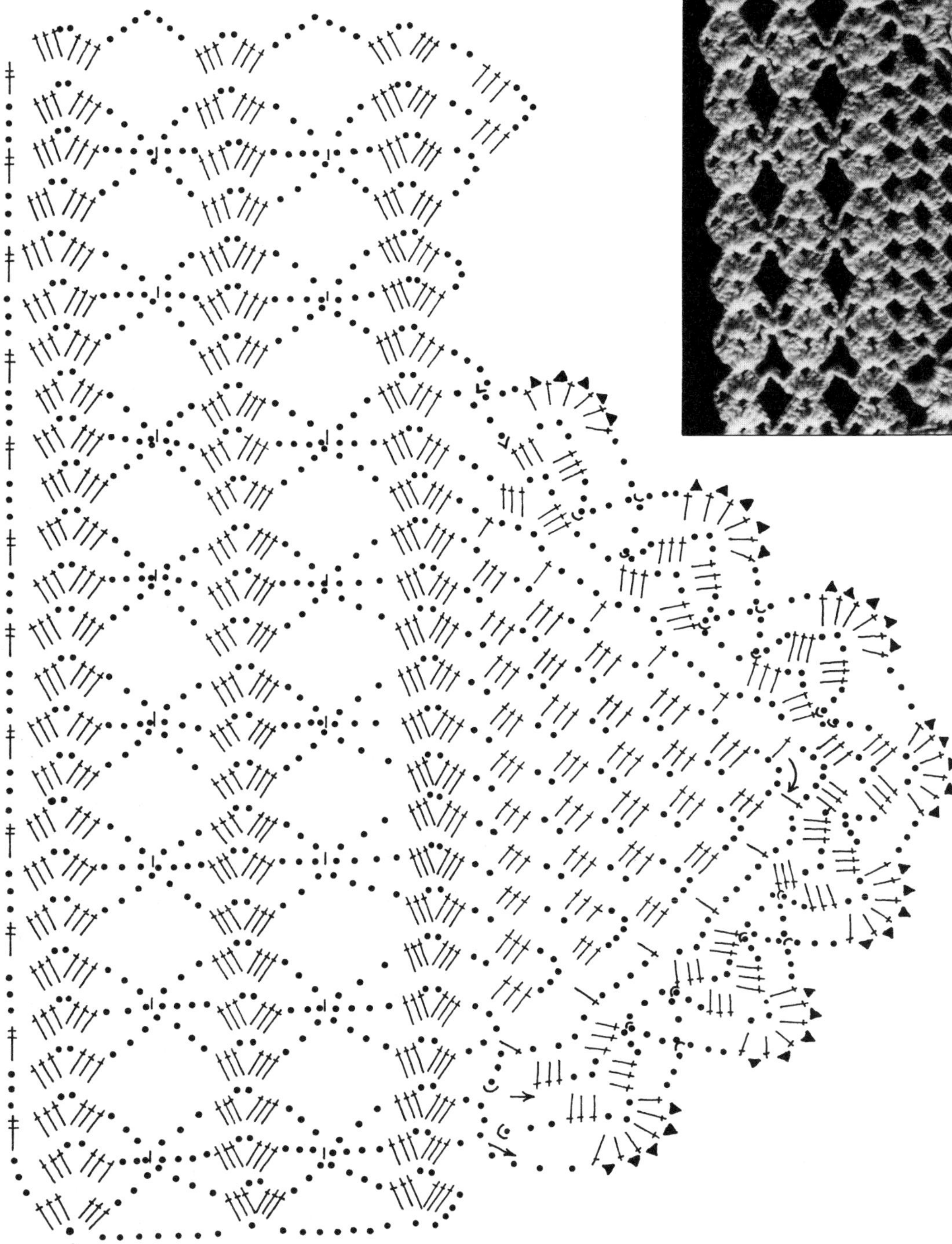

Breite Spitzen

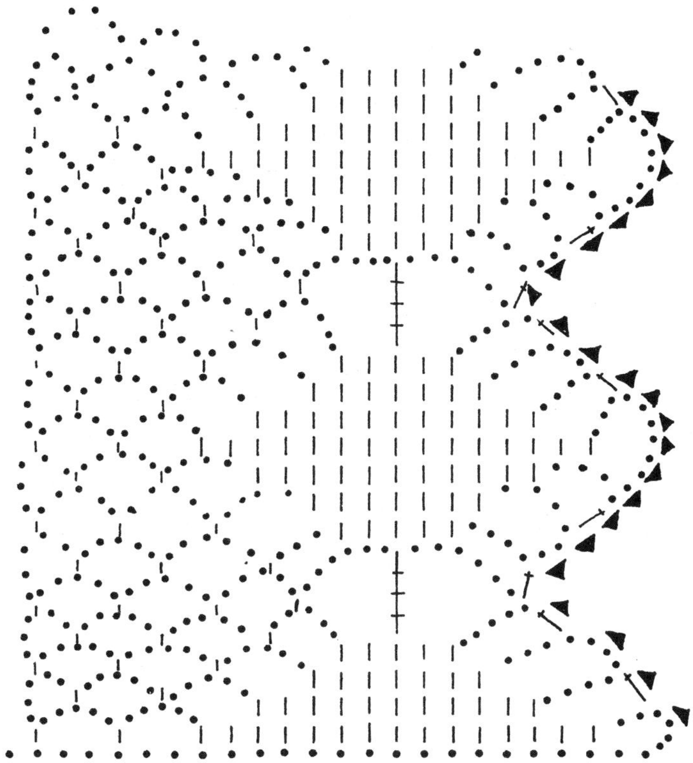

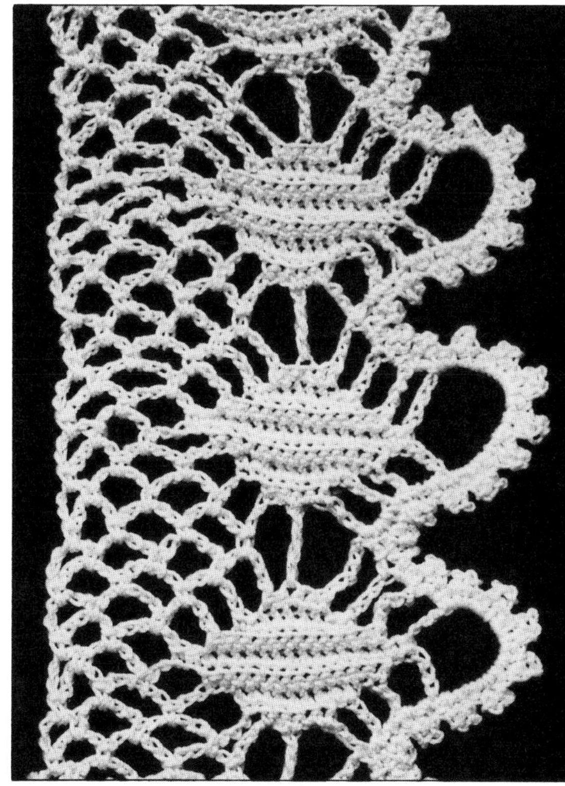

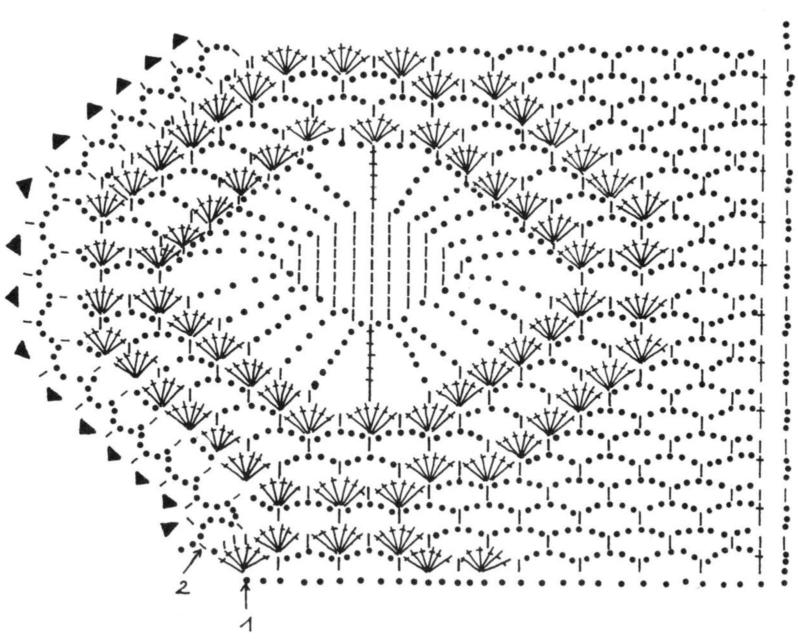

Breite Spitzen

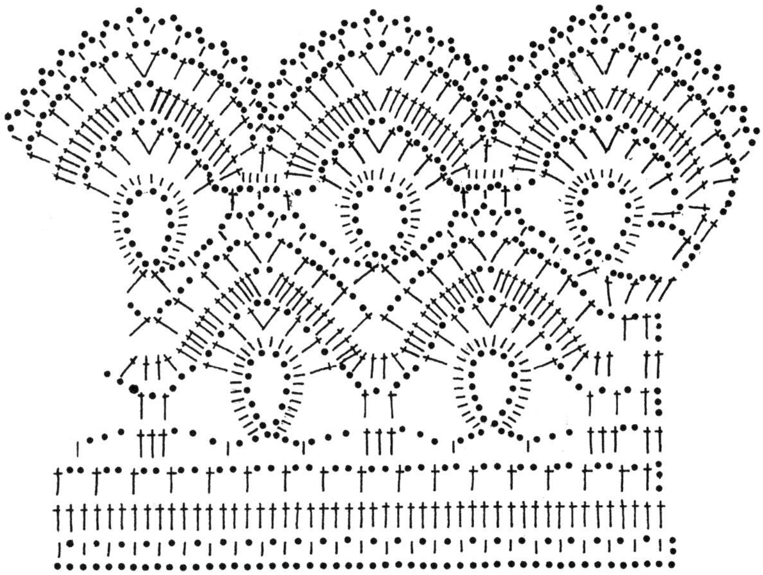

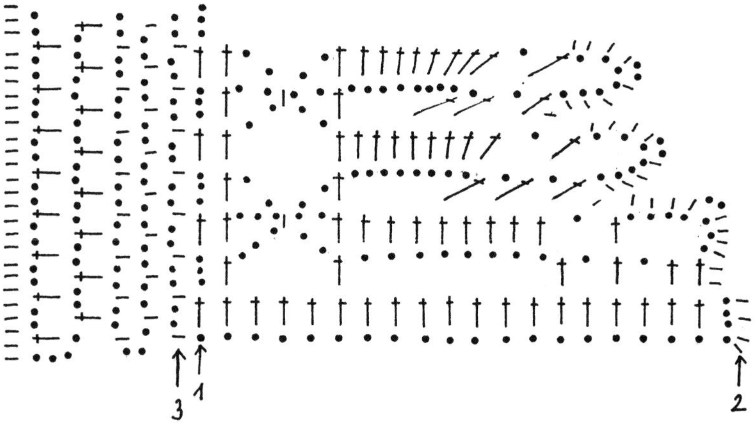

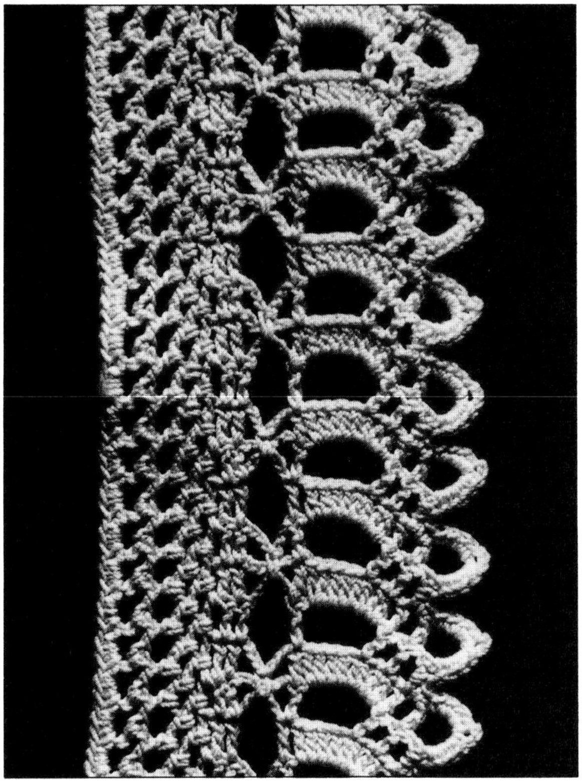

Breite Spitzen

Siehe obere Zeichnung

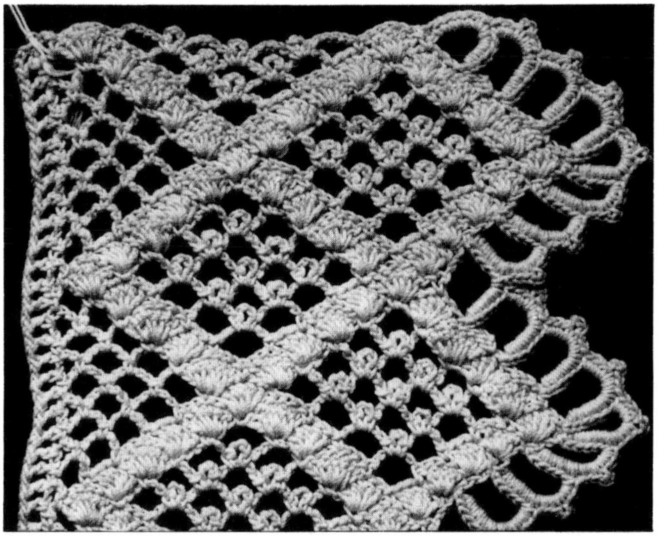

Siehe untere Zeichnung

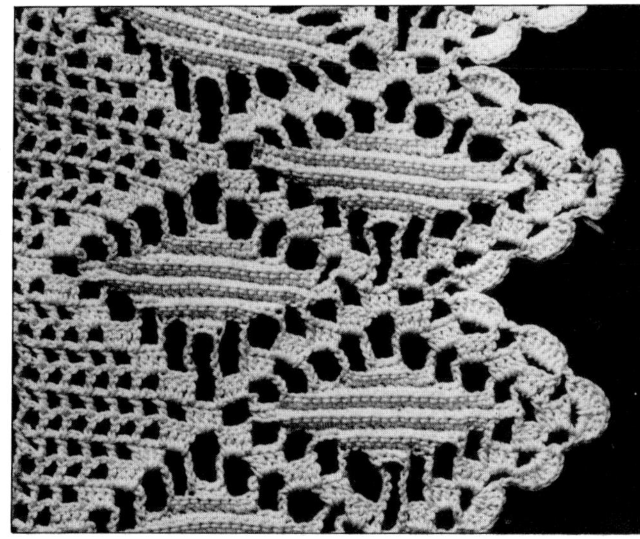

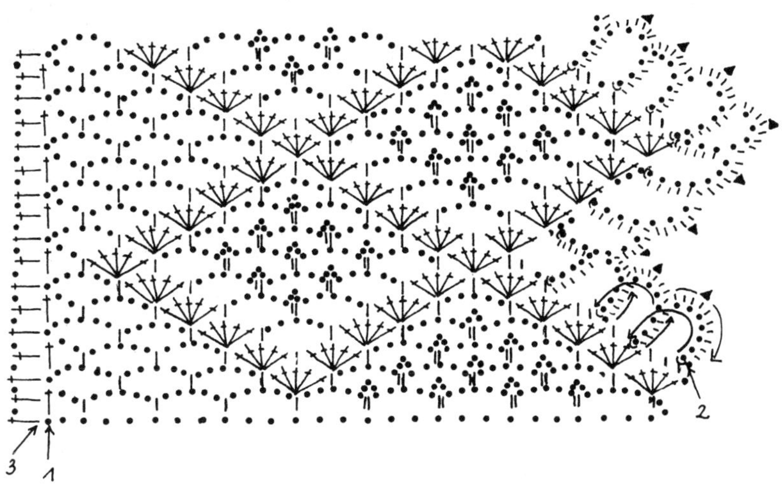

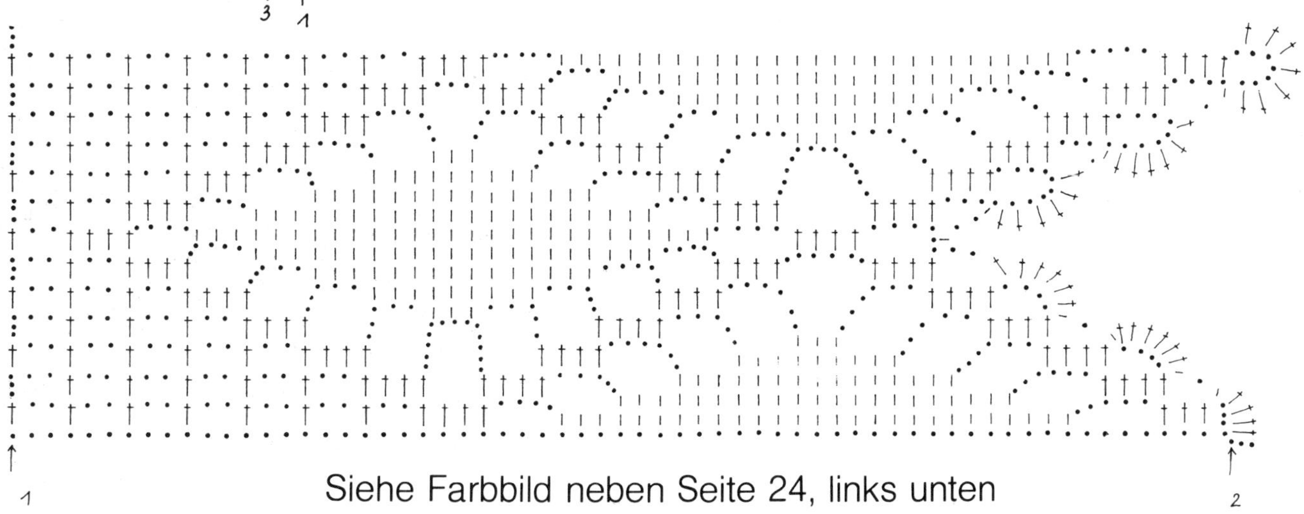

Siehe Farbbild neben Seite 24, links unten

Breite Spitzen

Wenn es das Muster — wie hier — erlaubt, werden sowohl bei schmalen als auch breiten Spitzen durch die 2-Farbenkombination weiß-rot bzw. weiß-blau schöne Effekte erzielt.

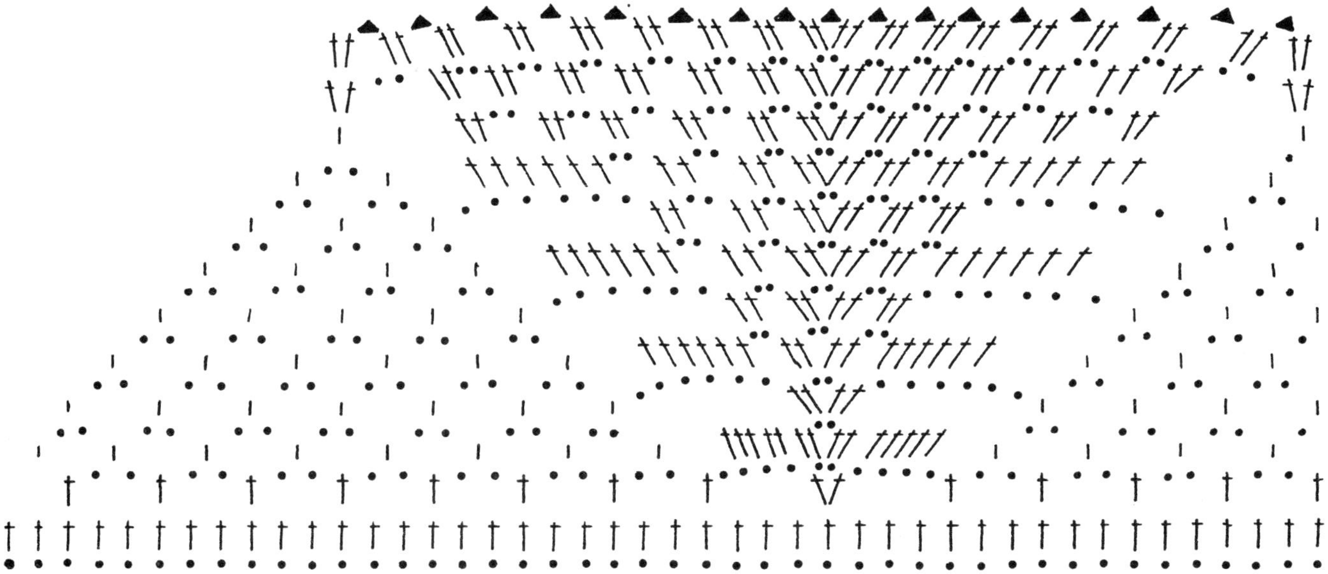

Die Deutsche (Filet-)Häkelei

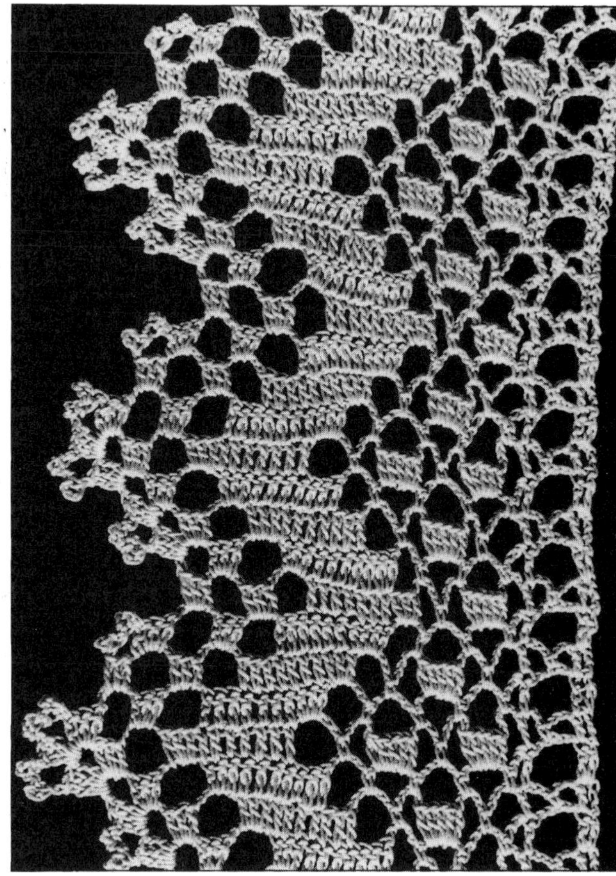

mit ihren wichtigsten Maschenarten Luftmasche, Kettmasche, feste Masche und Stäbchen ergibt ruhige, geradlinige Muster. Doppelmaschen, Wickel- oder Büschelmaschen bereichern diese Häkelart, die um die Jahrhundertwende für Decken und Polstereinsätze, Kastenstreifen und Altartücher besonders beliebt war. Die Filethäkelei ahmt jene Spitze nach, bei der ursprünglich auf einem Netzgrund das Muster durch „Einstopfen“ gebildet wurde. Der Gittergrund wird aus Luftmaschen und Stäbchen gehäkelt, die Muster durch Stäbchen aufgefüllt. Es wird in hin- und hergehenden Reihen gearbeitet. Fast alle Kreuzstichmuster lassen sich dafür verwenden. Auch Vorhänge und große Decken können in Filethäkelei hergestellt werden.

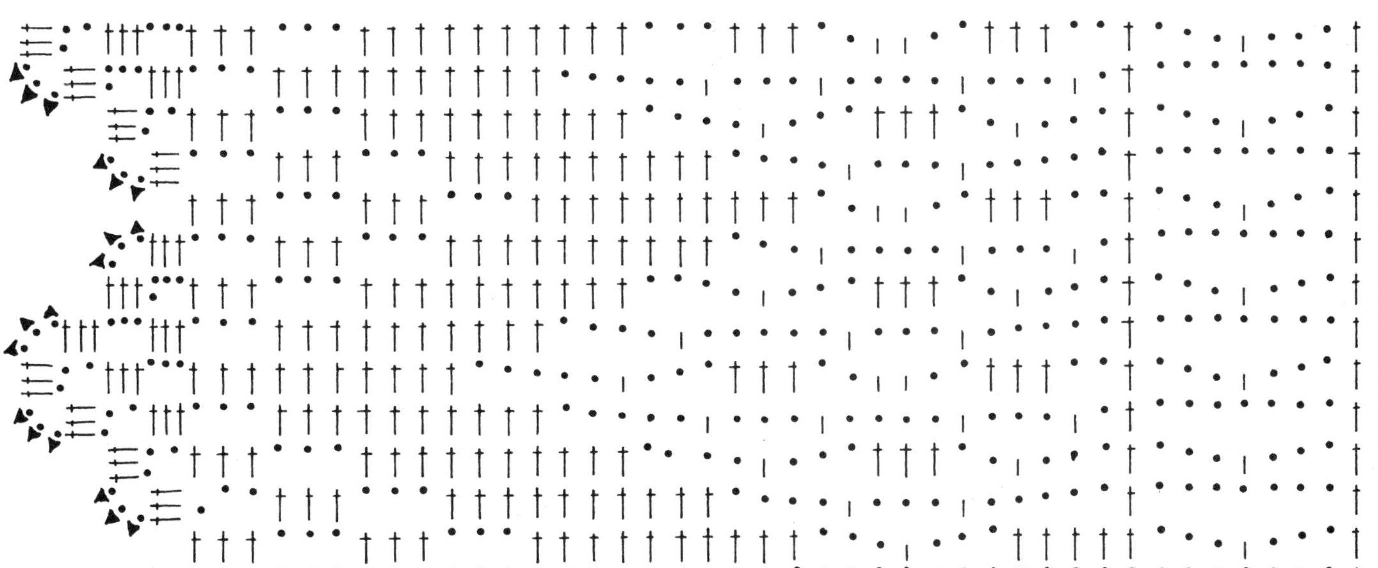

Filet-Häkelei

Die Zeichnung finden Sie auf der Nebenseite oben

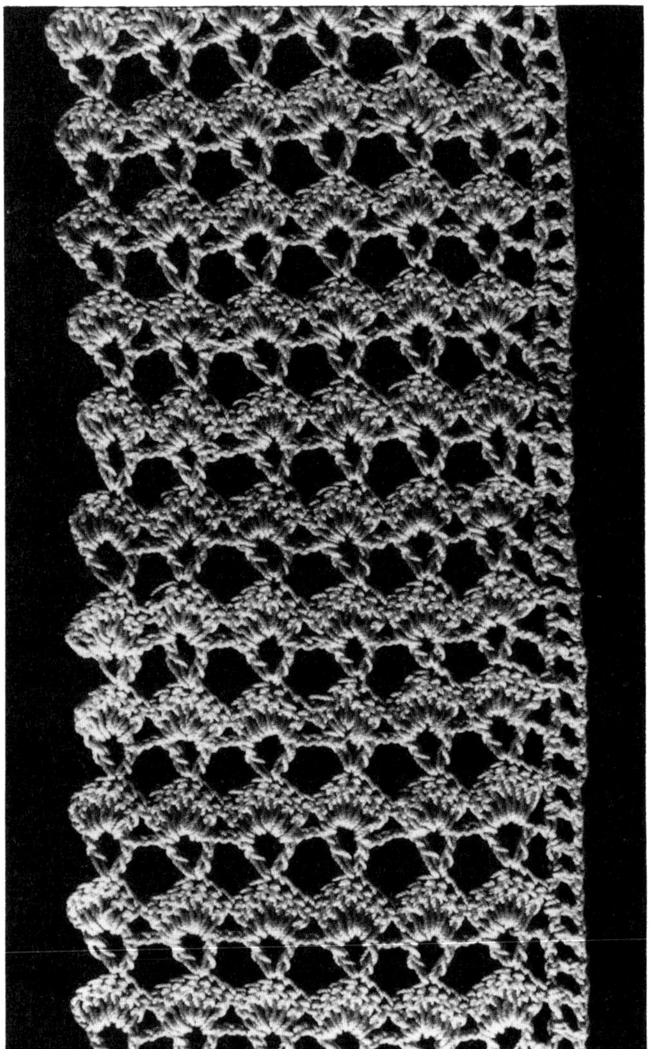

Die Zeichnung finden Sie auf der Nebenseite unten

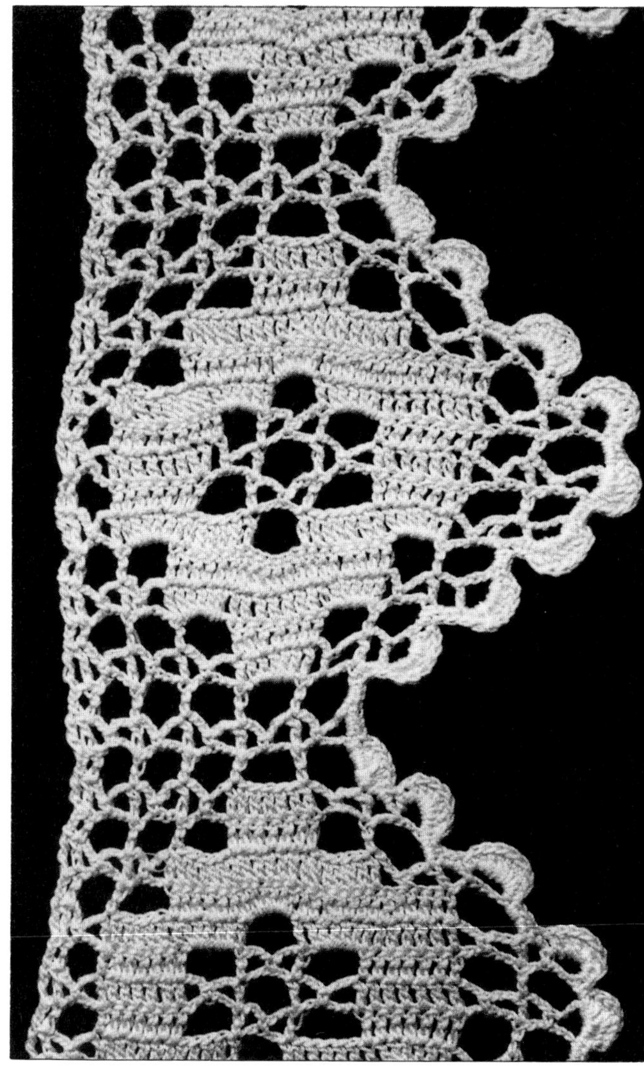

Filet-Häkelei

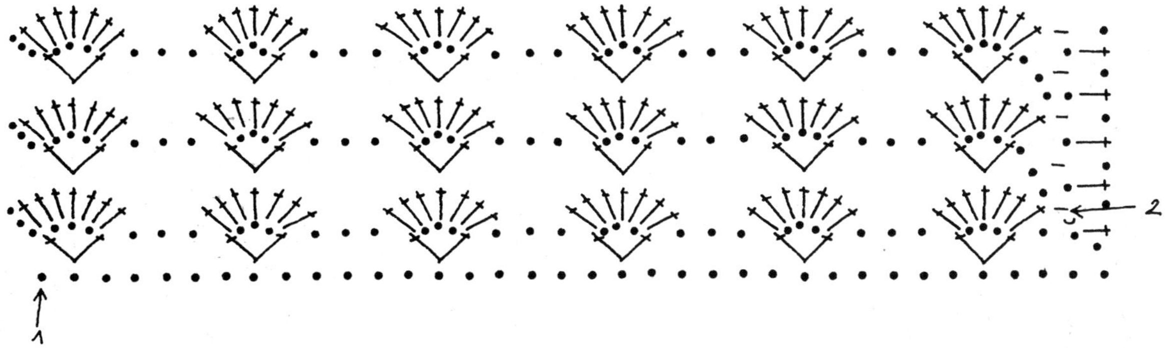

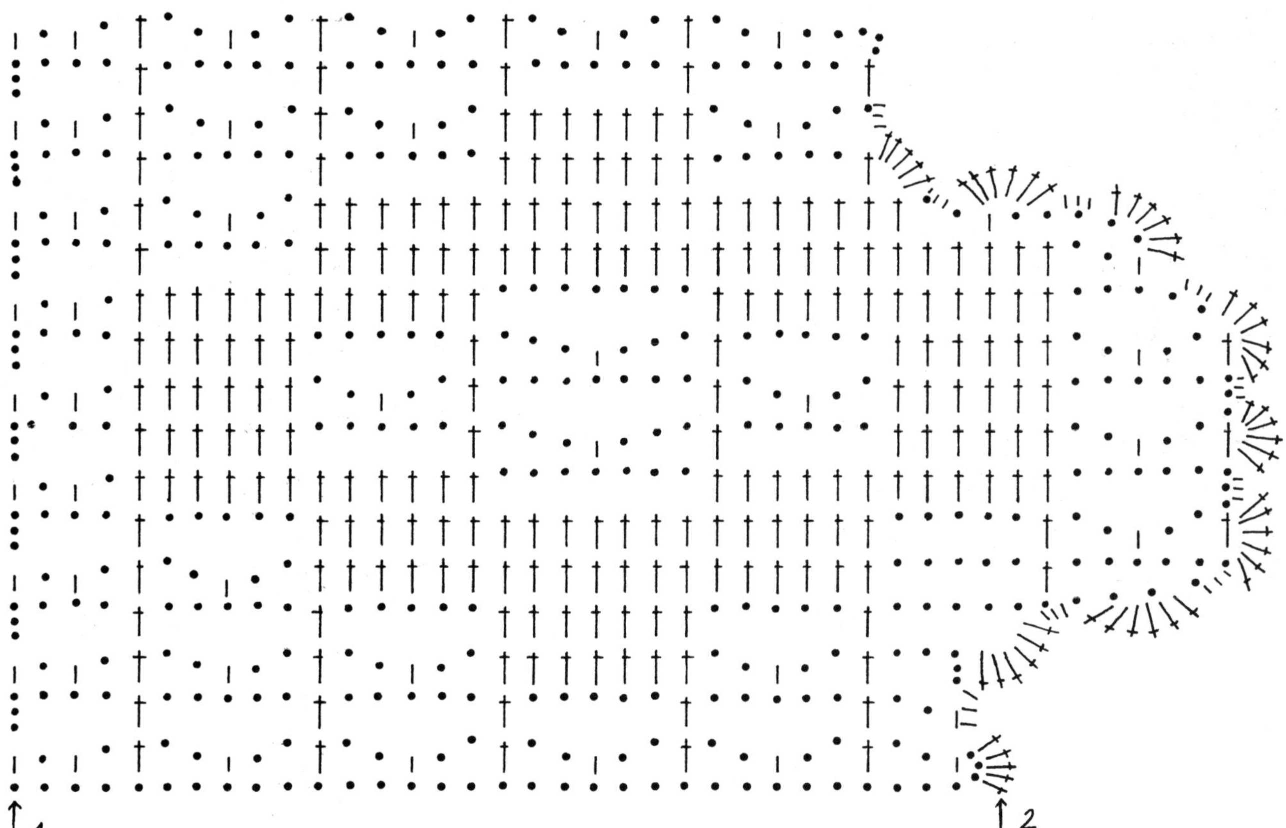

Filet-Häkelei

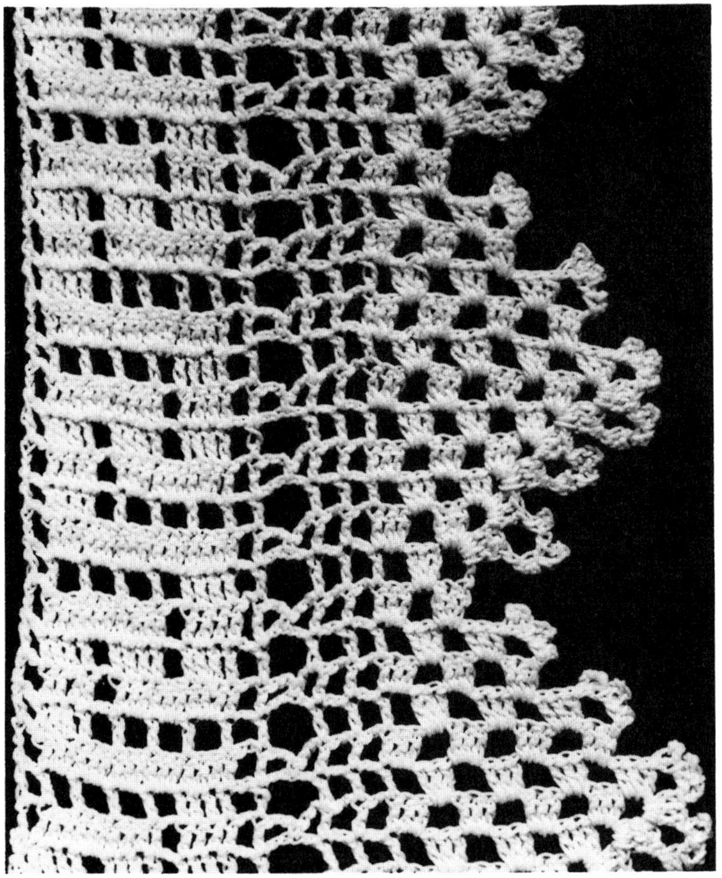

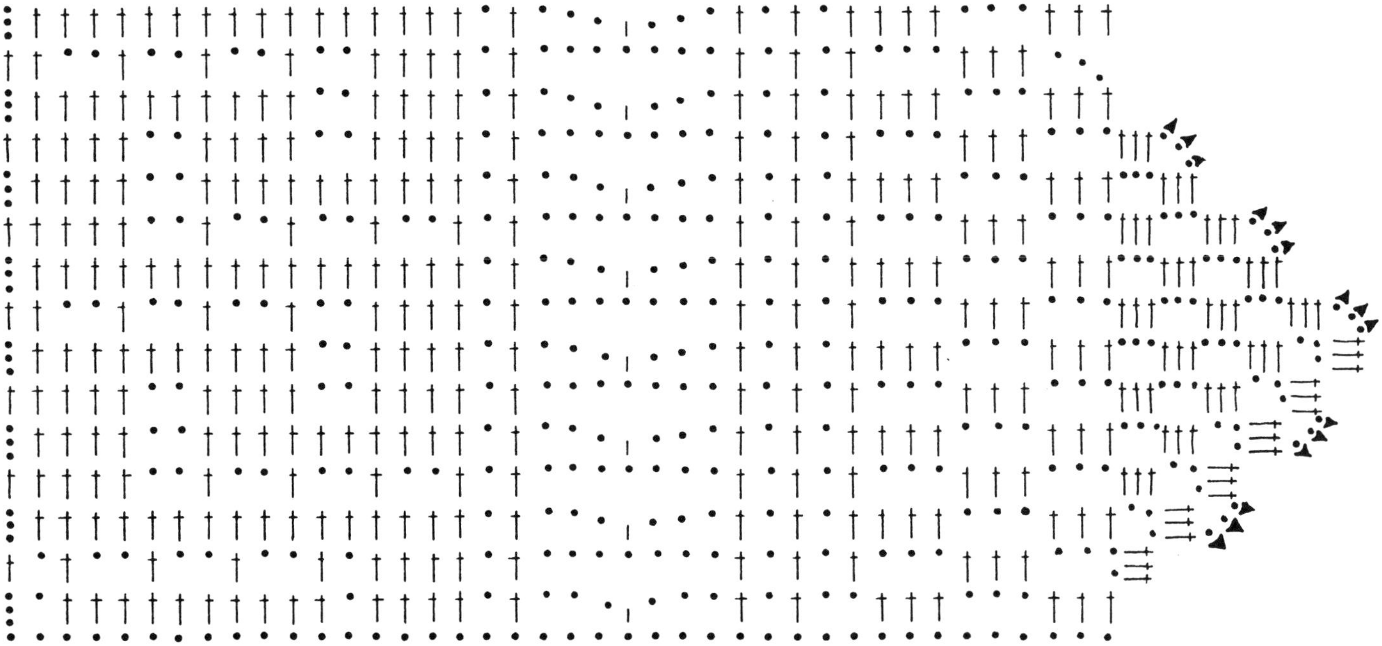

Filet-Häkelei

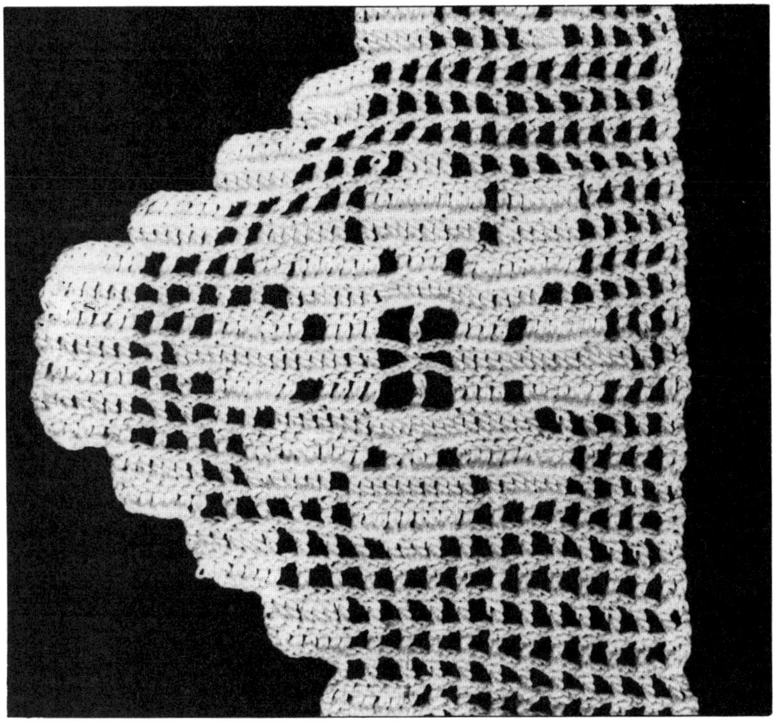

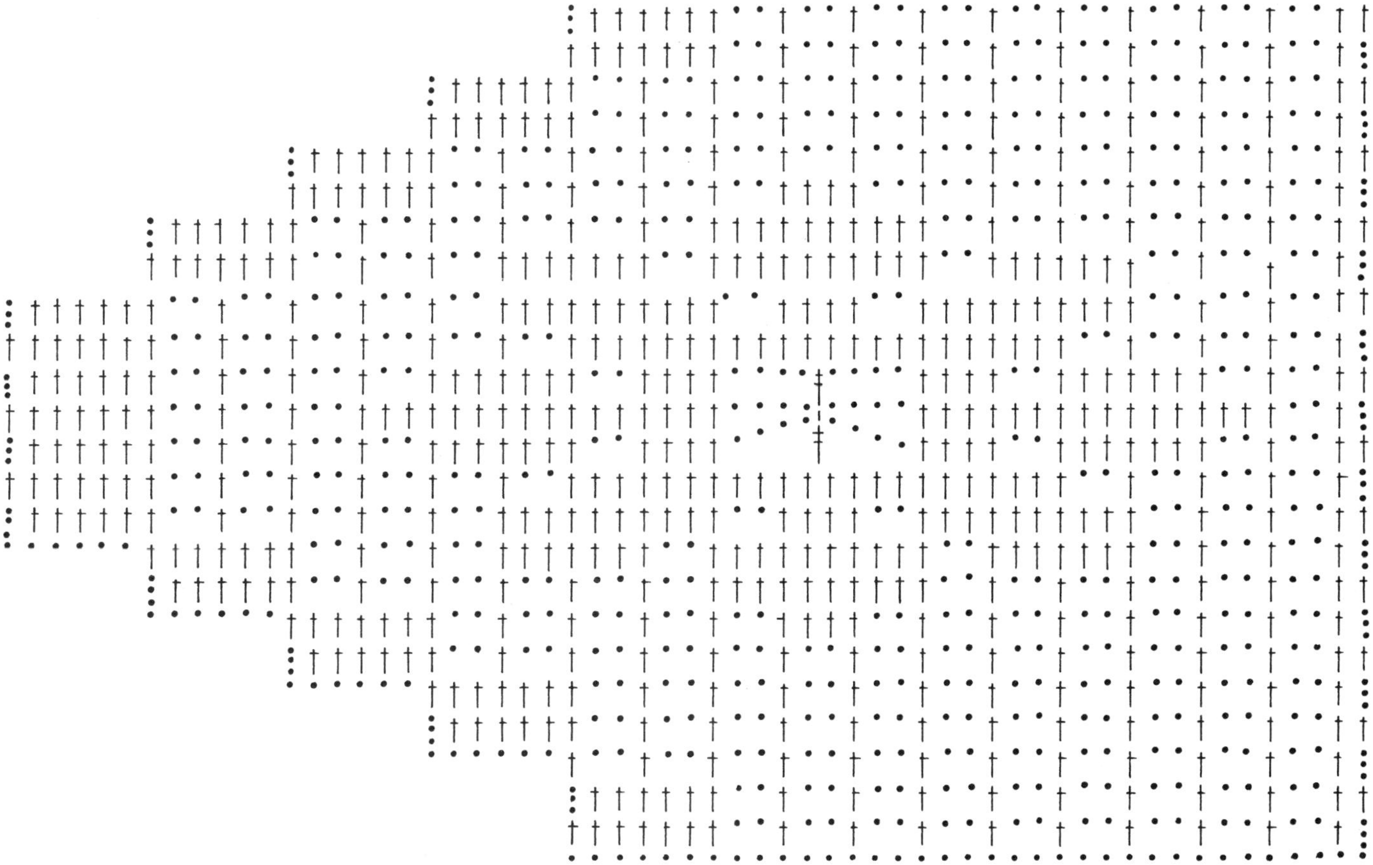

Filet-Häkelei

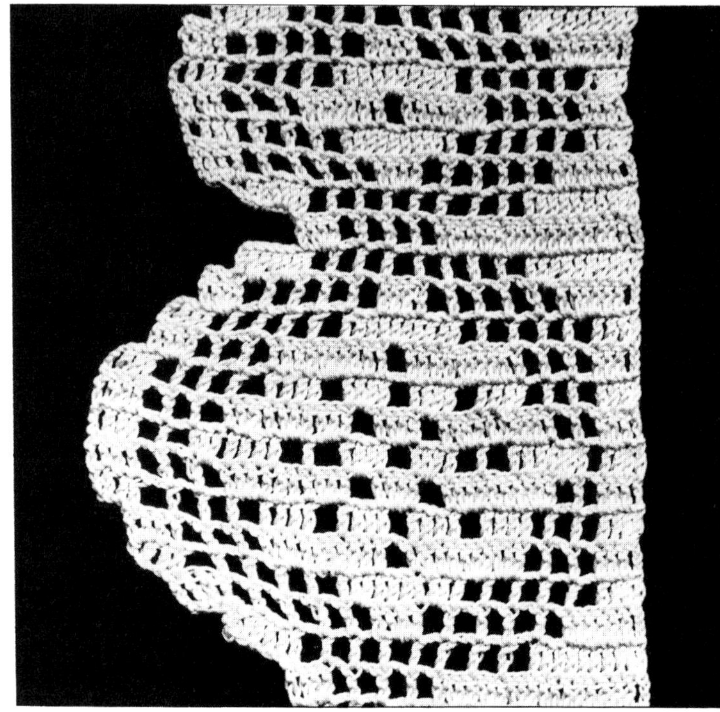

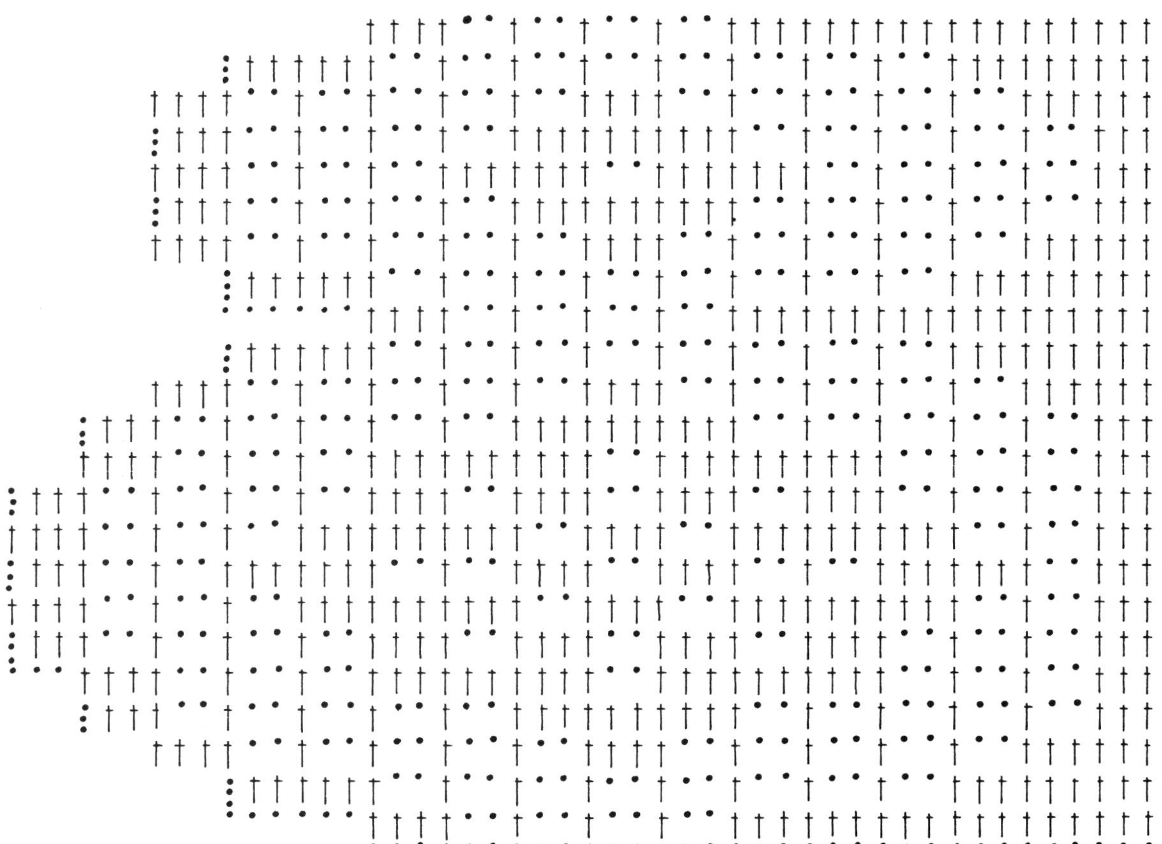

Filet-Häkelei

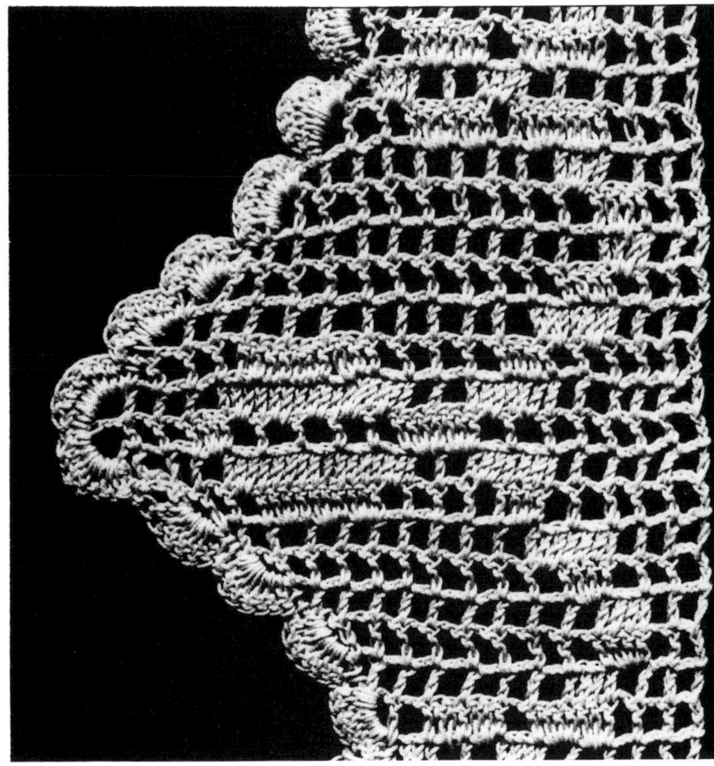

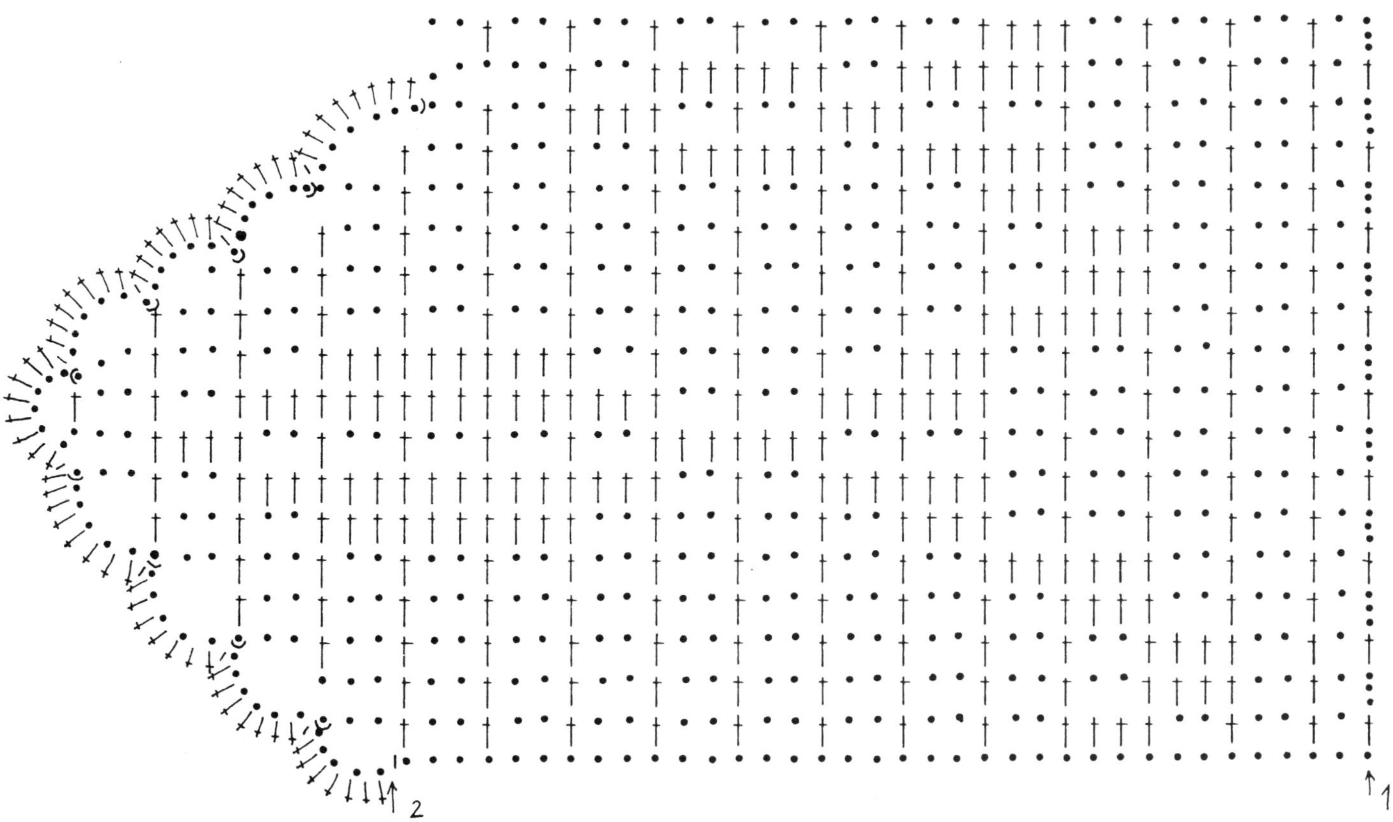

Filet-Häkelei

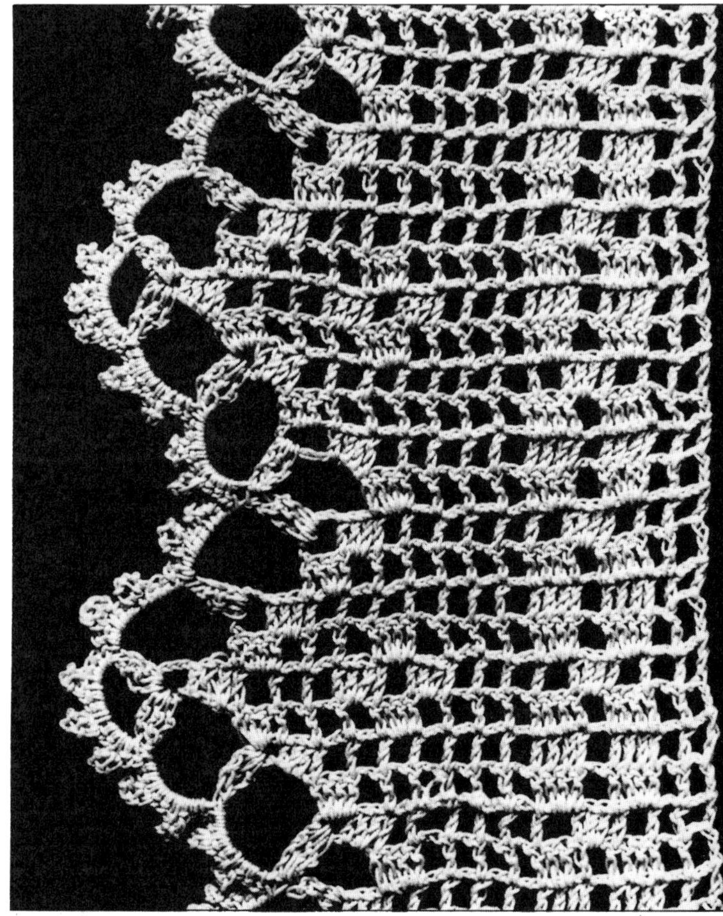

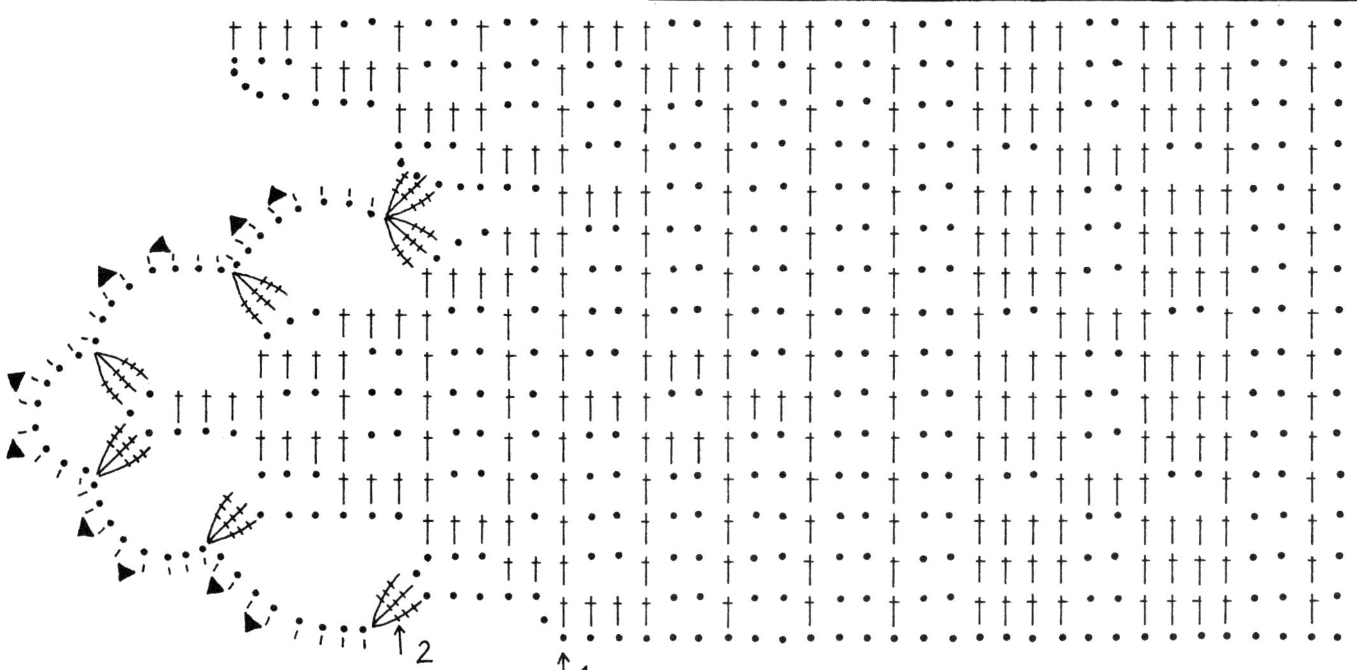

Filet-Häkelei

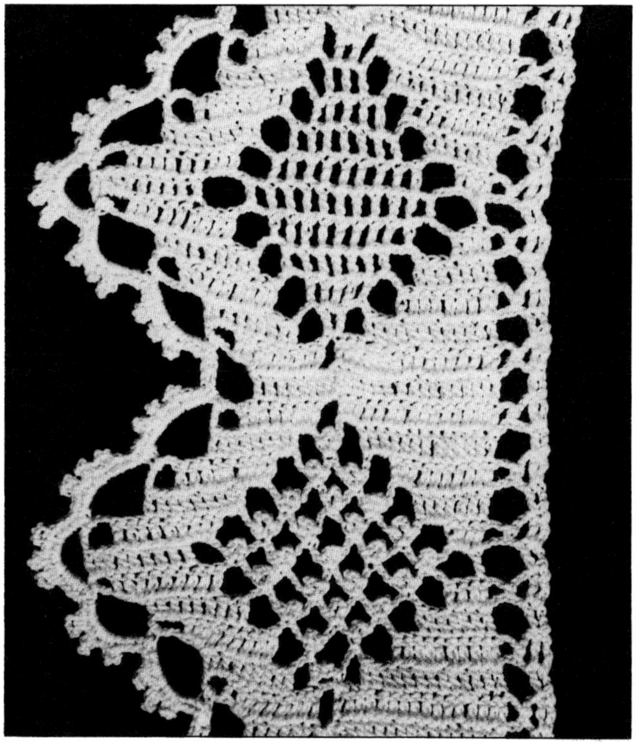

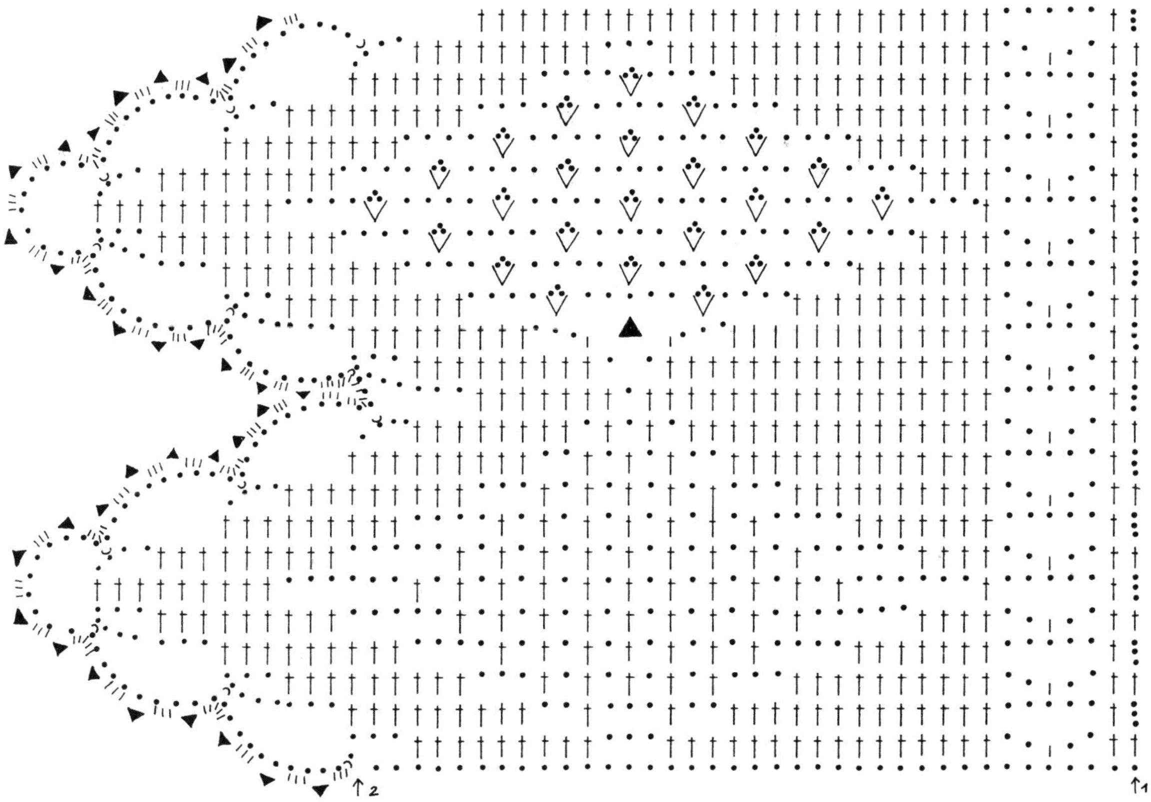

Filet-Häkelei

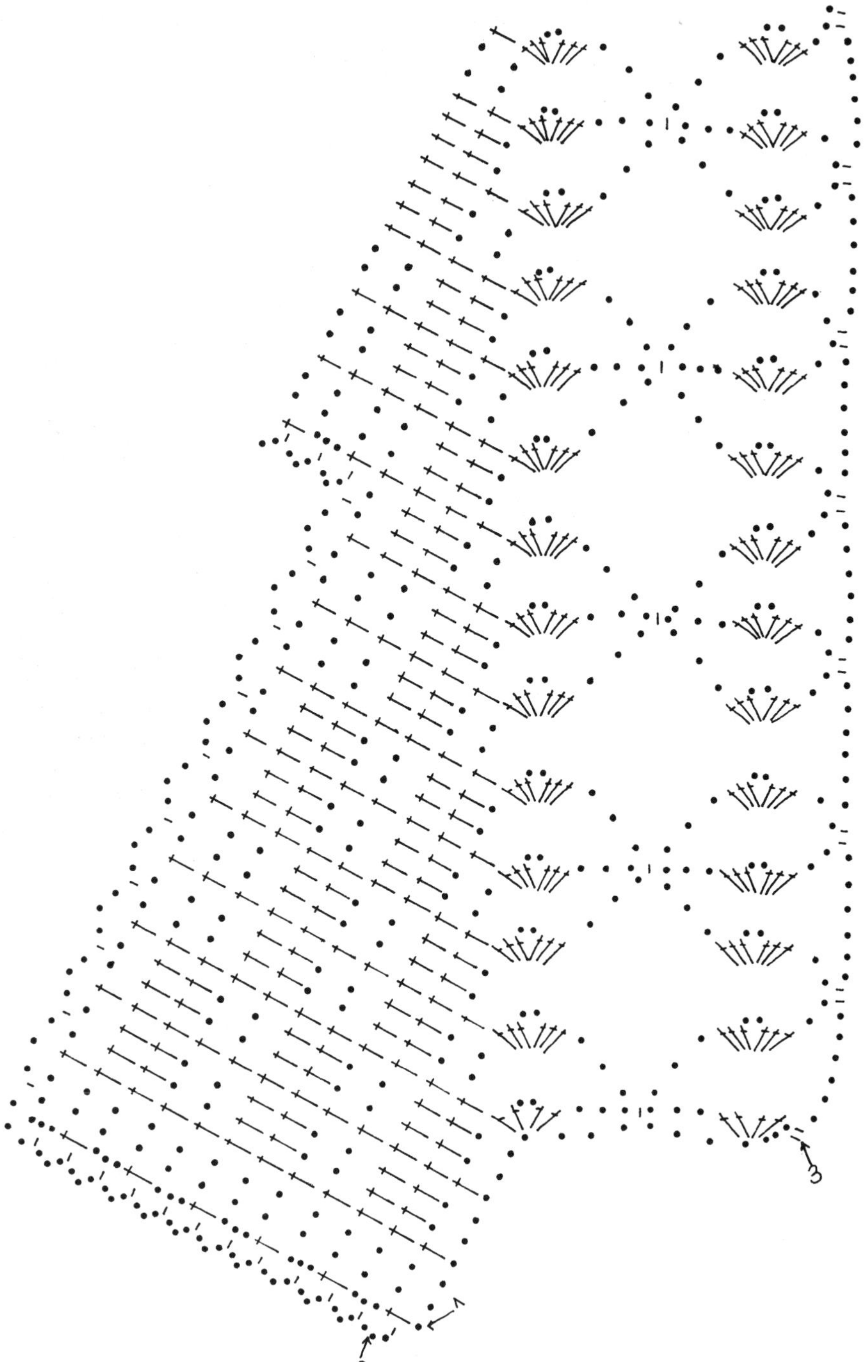

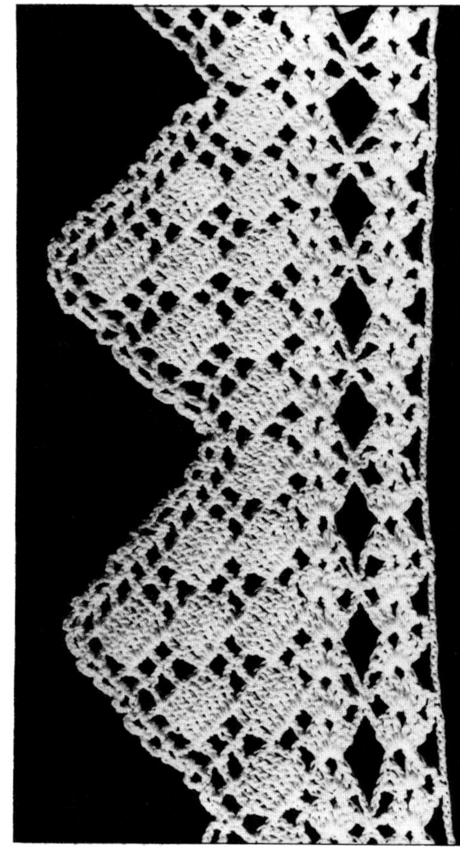

Filet-Häkelei

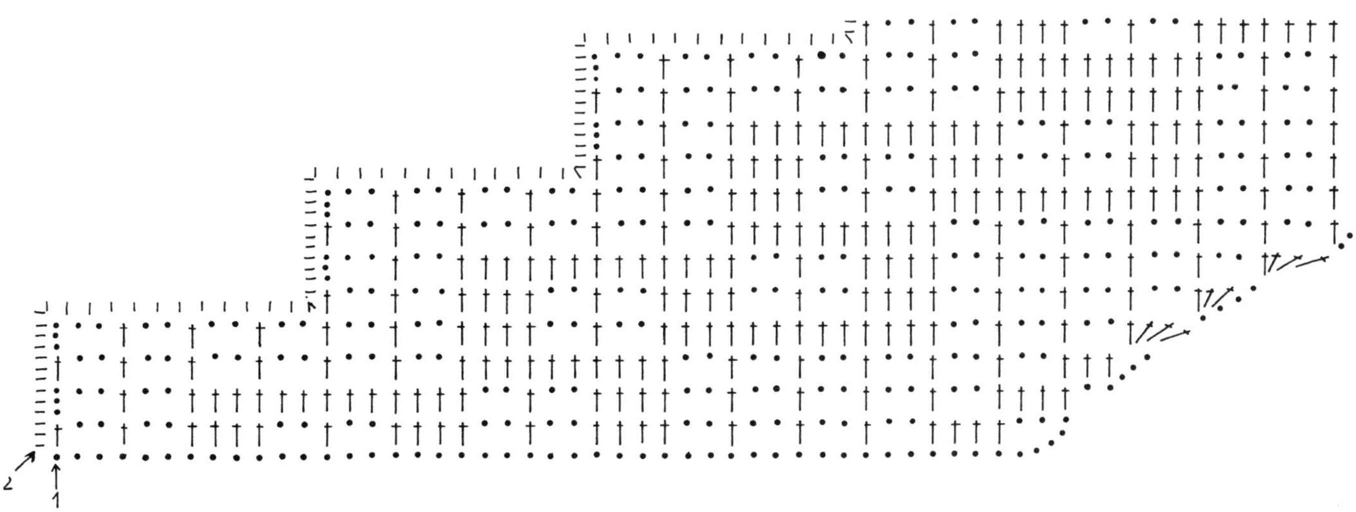

Handdrucksets mit Deltahäkelei

Brügger Häkelei

Zweifarbenspitze aus Leinengarn

Scheibengardine

Deltahäkelei mit Blättchen

Die Blättchenformen der Gitterhäkelei erscheinen auch in den Mustern der Deltahäkelei. Das besondere Merkmal dieser Häkeltechnik ist jedoch der durchbrochene Grund, der sich aus lauter gleichseitigen Dreiecken zusammensetzt, die aus Luftmaschen und einfachen Stäbchen oder Doppelstäbchen bestehen, und zwar werden stets zwei Stäbchen zusammen abgemascht. Die Anzahl der Luftmaschen richtet sich nach der Höhe der Stäbchen; es ist darauf zu achten, daß gleichseitige Dreiecke entstehen.

Die Spitze besteht aus vier Reihen, die sechsblättrigen Blütenmotive entstehen in der dritten und vierten Reihe; in der vierten Reihe werden auch die Luftmaschenbogen angehäkelt. In der ersten und zweiten Reihe wechseln vier Luftmaschen mit je zwei zusammen abgemaschten Doppelstäbchen. Die Ausführung der dritten Reihe zeigt die Abbildung. Auf drei Blättchen folgen drei Doppelstäbchen — davon das erste in die Einstichstelle des zweiten Blättchens, das zweite und dritte Stäbchen in die Stäbchen der Vorreihe — die zusammen mit dem dritten Blättchen abgemascht werden. Zum ersten Blättchen wird mit vier Lm. vorgegangen, die gleichzeitig ein Stäbchen ersetzen. Die Doppelstäbchen des ersten und zweiten Blättchens werden stets bis auf die letzten zwei Schlingen und dann gemeinsam abgemascht. Zum dritten Blättchen wird wiederum mit vier Lm. vorgegangen. In der letzten Reihe werden die Luftmaschenbogen und die zweite Hälfte der Blüten ausgeführt, dazu die zweite Abbildung. Man beginnt mit dem zweiten Blättchen dieser Gruppe. Das erste Stäbchen der Reihe wird durch vier Luftmaschen ersetzt, die zusammen mit den übrigen Stäbchen abgemascht werden. Dann folgen sieben Laufmaschen für den Bogen und das sechste Blättchen dieser und das vierte Blättchen der nächsten Blüte, siehe Abbildung. Alle Doppelstäbchen werden in ein und diesselbe Einstichstelle gehäkelt. Bei allen Doppelstäbchen werden zweimal zwei Schlingen abgemascht und zum Schluß alle Schlingen, die auf der Nadel liegen.

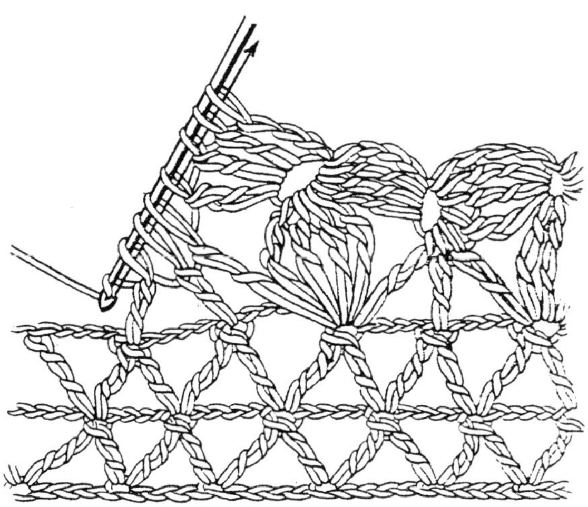

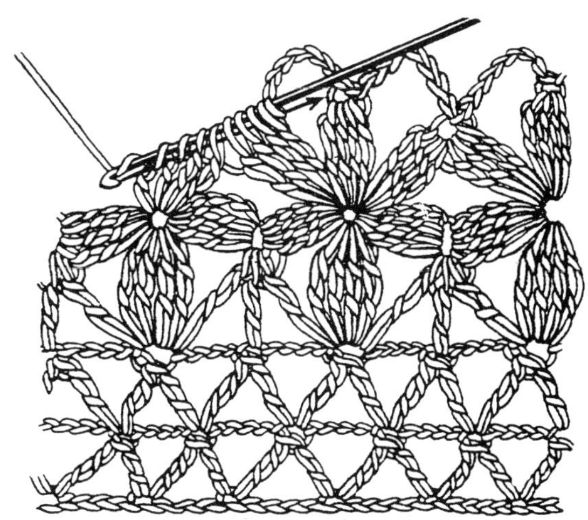

Je nach Stärke des Garns werden 4 Dst. und 7 Lm. oder — für starkes Garn 3 Dst. und 4 Lm. gehäkelt.

Deltahäkelei mit Blättchen

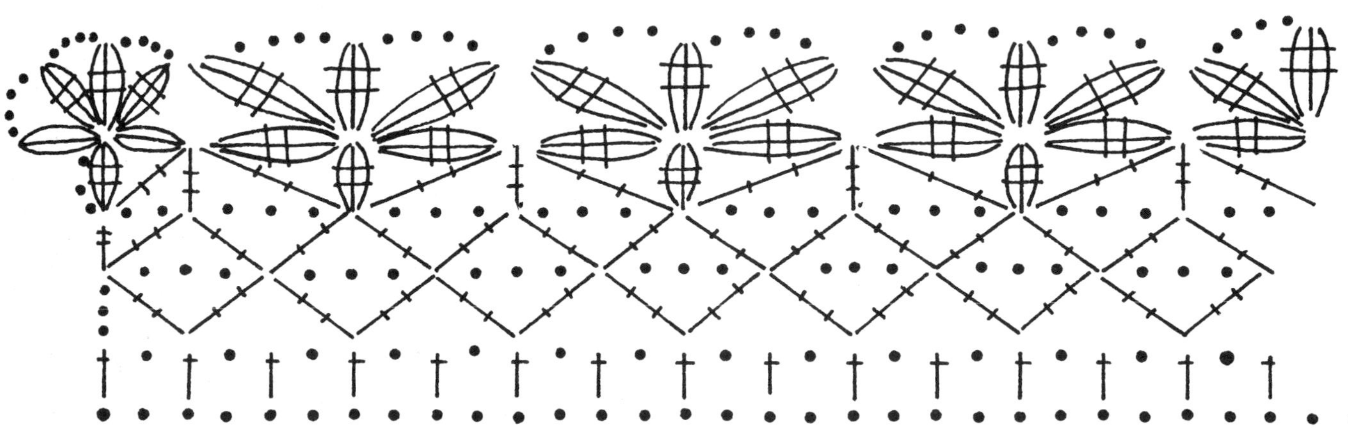

Siehe Farbbild neben Seite 60, links oben

Die Brügger oder Bändchenhäkelei

ähnelt den geklöppelten Brügger Spitzen. Die hin- und hergehenden Stäbchenreihen, die beidseits kleine Luftmaschenbogen haben, lassen Bändchen entstehen, die zu Mustern geformt werden. Durch eingehäkelte Stege und Spinnen, werden Ecken und schöne Motive möglich. Siehe Farbbild neben Seite 60, rechts oben.

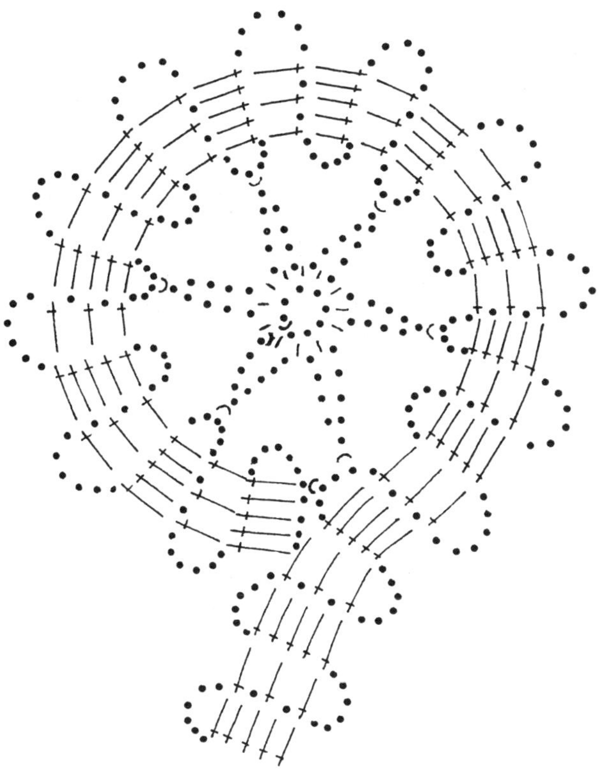

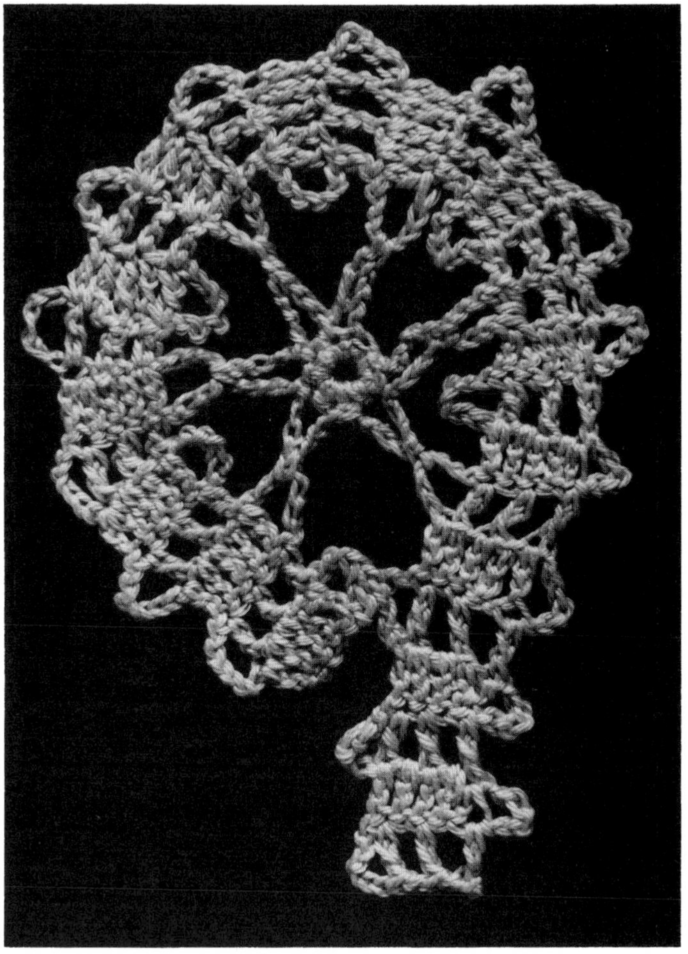

Um starke, faltenlose Rundungen zu erzielen, empfiehlt es sich, durch gleitende Maschenhöhe (innerstes Stäbchen = 1 fM., 2. Stb. = Halbstb.) in der Kurve häkeln.

Brügger- oder Bändchenhäkelei

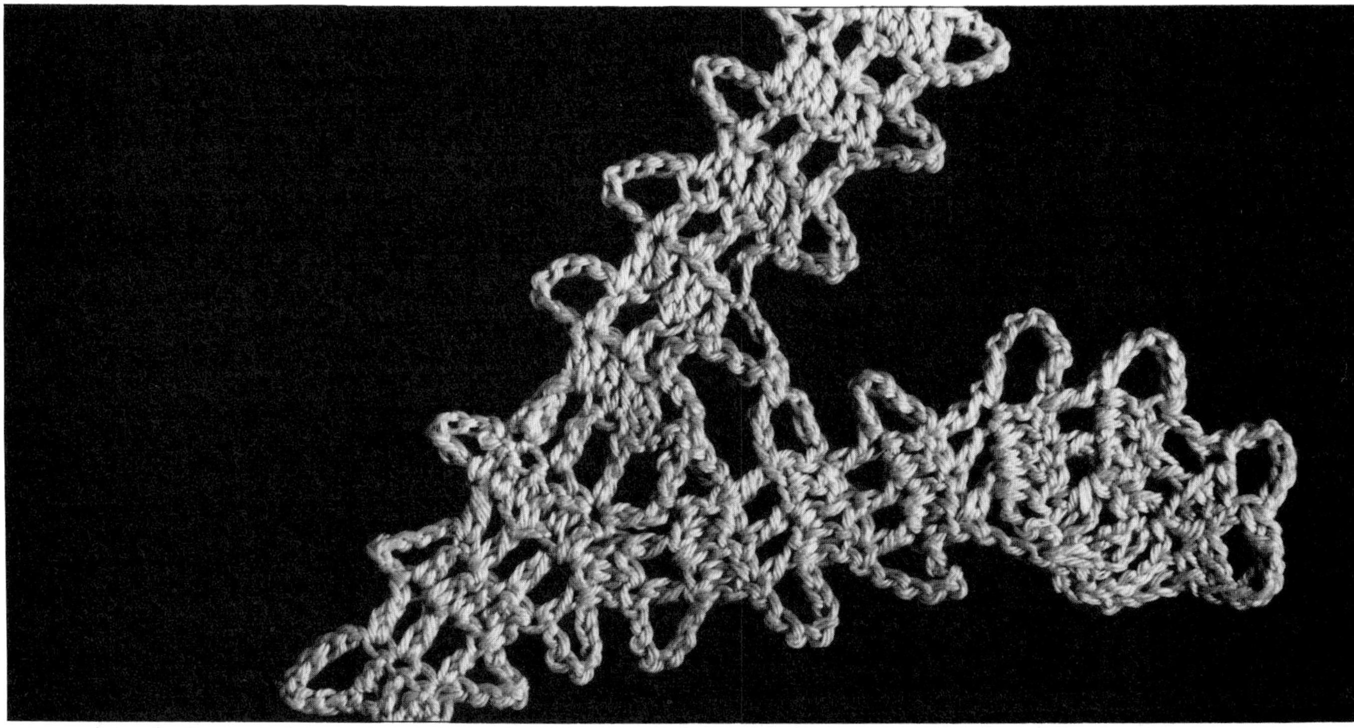

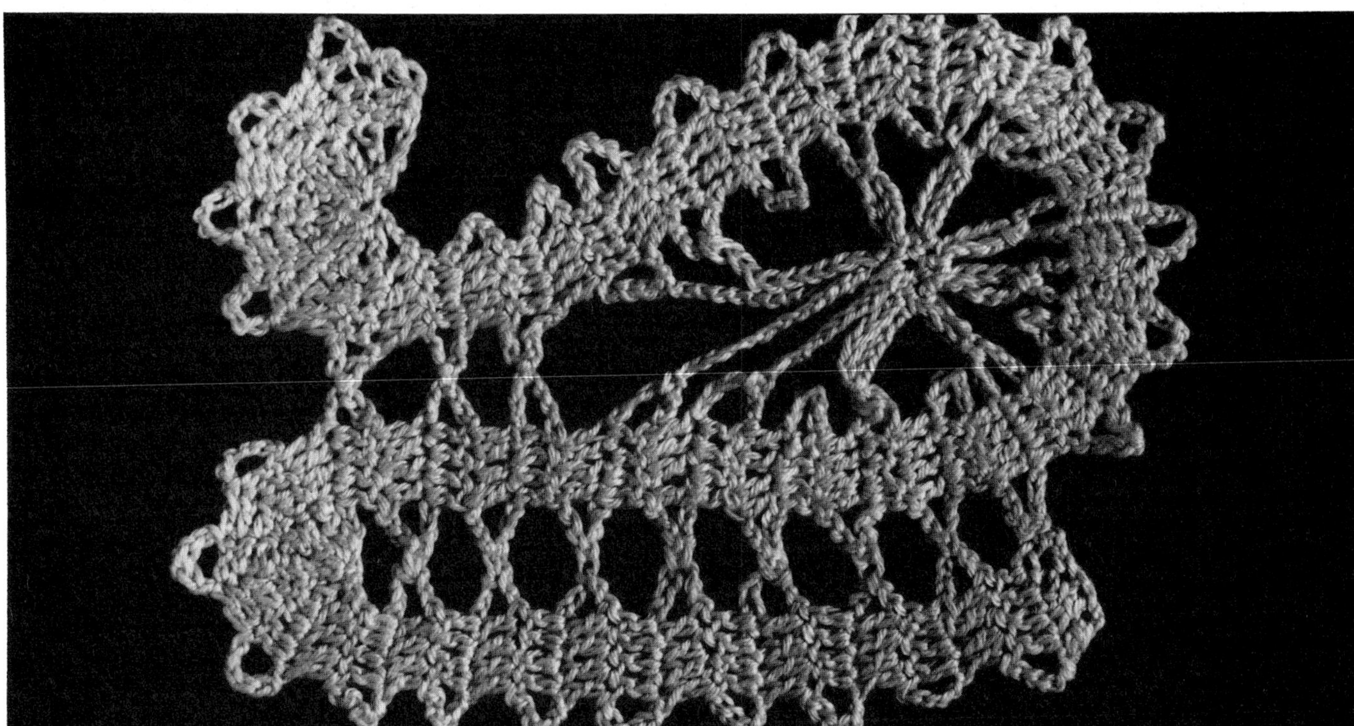

Reliefhäkelei

war in all ihren Varianten auch bei uns sehr beliebt und einzelne Elemente vermischen sich manchmal untereinander. Wir wollen versuchen, die verschiedenen Arten darzustellen.

Die Irische Häkelei

ist ebenso wie die genähte oder geklöppelte eine echte Spitze. Ihre Entstehung wird irischen Klöstern zugeschrieben und war als Hausindustrie um Dublin und Belfast verbreitet. Sie ahmt die aus Italien stammende Rosalienspitze des 17. Jahrhunderts nach, ist auch der bretonischen Spitze verwandt, die heute noch von den Fischersfrauen der Bretagne in Heimarbeit angefertigt wird.

Unsere „Wiener Spitzen“ sind der irischen sehr ähnlich.

Die Gruppe besteht aus 2 Elementen.

1. dem gehäkelten Grundnetz (siehe Seite 83).
2. den aufgenähten oder eingearbeiteten Blüten-, Blattmustern, Sternen und Röschen (siehe Seite 71).

Aus steirischem Privatbesitz.

Prachtvolle Arbeiten aus der reichen Sammlung des Museums für angewandte Kunst in Wien.

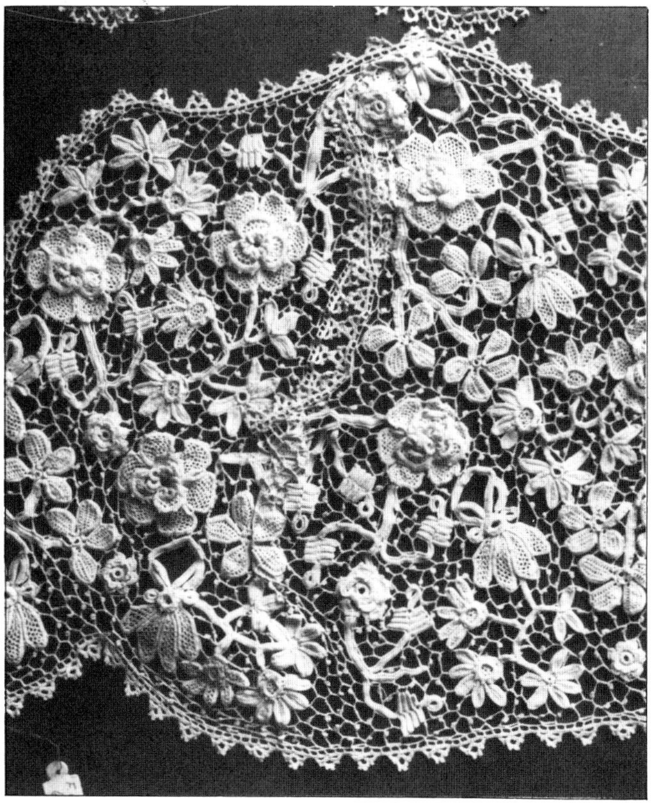

Fotos: Gudrun Zwittnig

Die Dekorationshäkelei war Ende des vorigen Jahrhunderts bei uns besonders beliebt. Man ahmte damit eine kunstvolle Spitze, — die Gepüre — nach. Blüten und Blätter, oft aus feinstem Baumwollgarn, werden sorgfältig auf ein Netz aufgesetzt, dem Grundnetz oder Gittergrund.

Die einzelnen Blatt- und Blütenformen, Ringe, Röschen, Rosetten, Vierecke und Sterne können aber auch aufgeheftet auf einer Vorlagezeichnung aus Papier oder Nessel, mit Luftmaschenbogen und Pikots verbunden werden.

Durch Luftmaschenketten, Pikots und Gitter werden die einzelnen Teile verbunden.

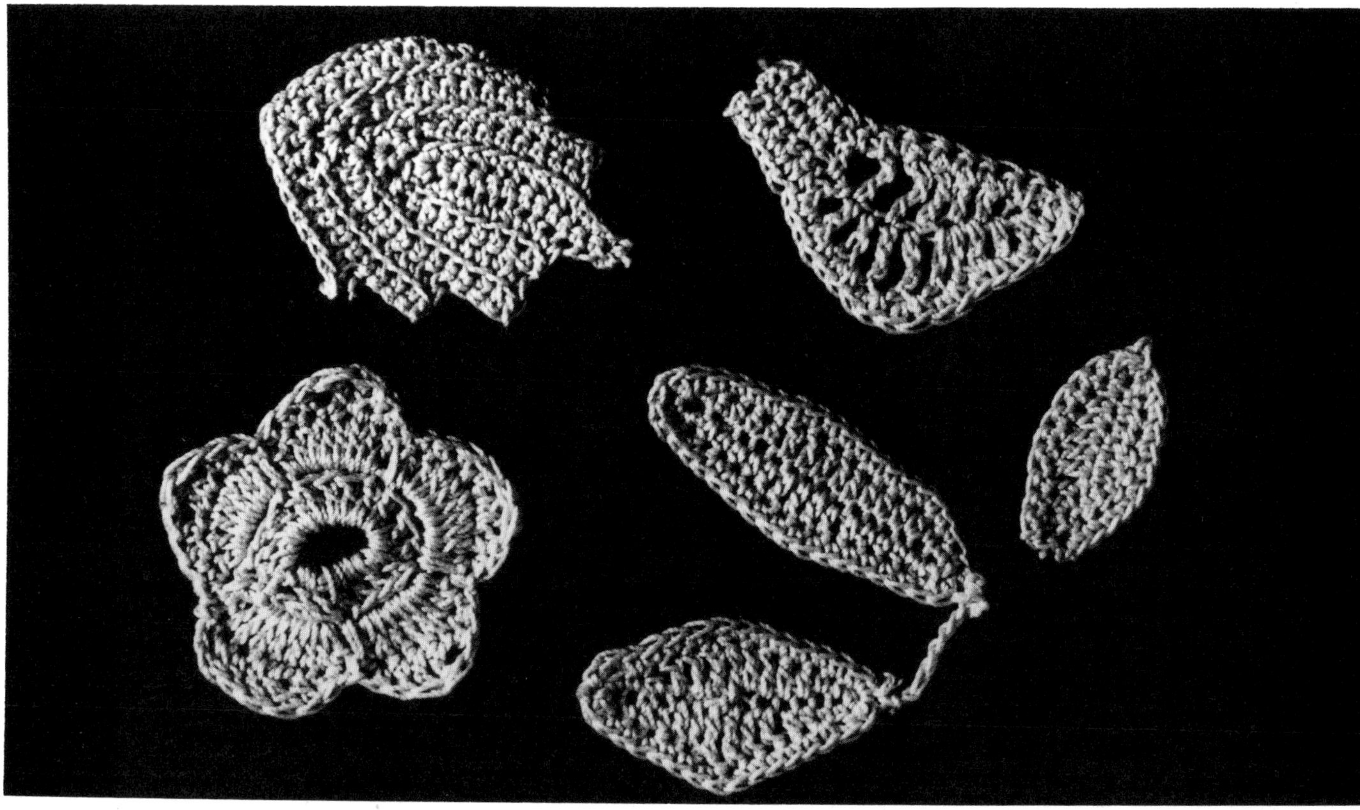

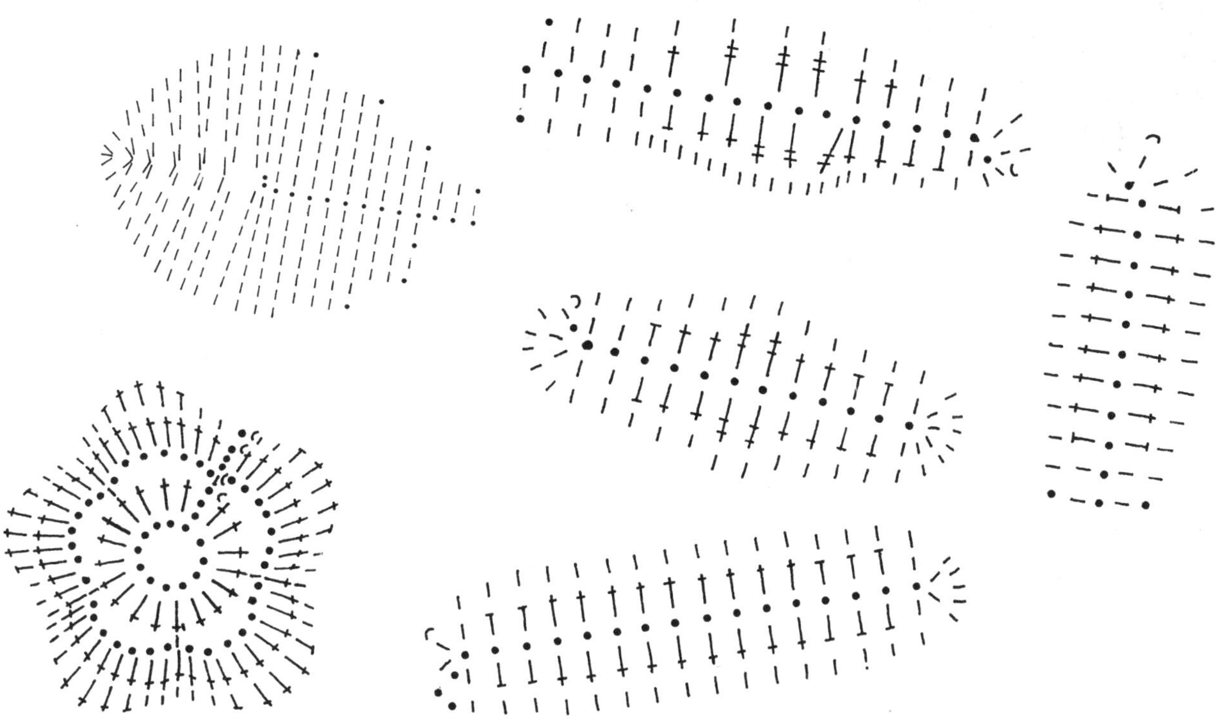

Die Verbindungsstege zwischen den einzelnen Blüten und Ringen werden mit Luftmaschen oder kleinen Spannstichen, die oft mit Pikots verziert werden, hergestellt. Die Spannstiche können auch mit Knopflochstichen umnäht werden.

Wird die Gipürenhäkelei als Einsatz, Passe oder Latz verwendet, umhäkelt man sie mit einem Rahmenstreifen. Hier lehnt sie sich an die Reticellaspitze (siehe da) an.

Siehe Farbbild neben Seite 36, links oben (Decke)

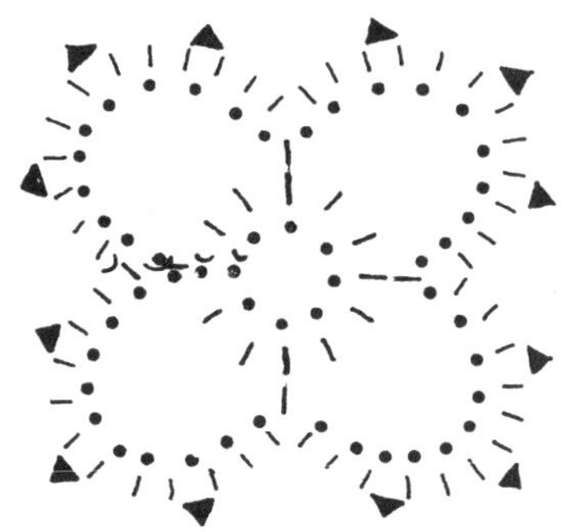

Gipürenhäkelei

besteht aus Blatt- und Blütenformen, Ringen, Röschen, Rosetten. Vierecken und Sternformen.
Sie wird zu den echten Spitzen gezählt und oft aus feinstem Garn hergestellt. Sorgfältige Arbeit und große Übung sind Voraussetzung für diese Technik.

Flächen- oder Füllmuster

sind im ländlichen Raum stark vertreten für Decken- oder Polstereinsätze, Taufjäckchen und zu Scheibengardinen.
Sie werden aber auch oft in Verbindung mit breiten Spitzen direkt an die Leinenwebe angehäkelt.

Rosetten und Sterne

werden seit langer Zeit zu Randspitzen, Überwürfen, Umhängetüchern, aber auch aus spinnwebfeinem Garn — zu zarten Röschen auf Spitzkrägen — und einzeln für sich zu Fenster- und sogar Christbaumschmuck verarbeitet.

Sie ergeben sich aus Luftmaschen, in der Runde gearbeitet, festen Maschen, Stäbchen und Büschelmaschen. Eine außergewöhnliche Vielfalt von Möglichkeiten läßt einfache Sterne und kunstvollste Rosetten entstehen.

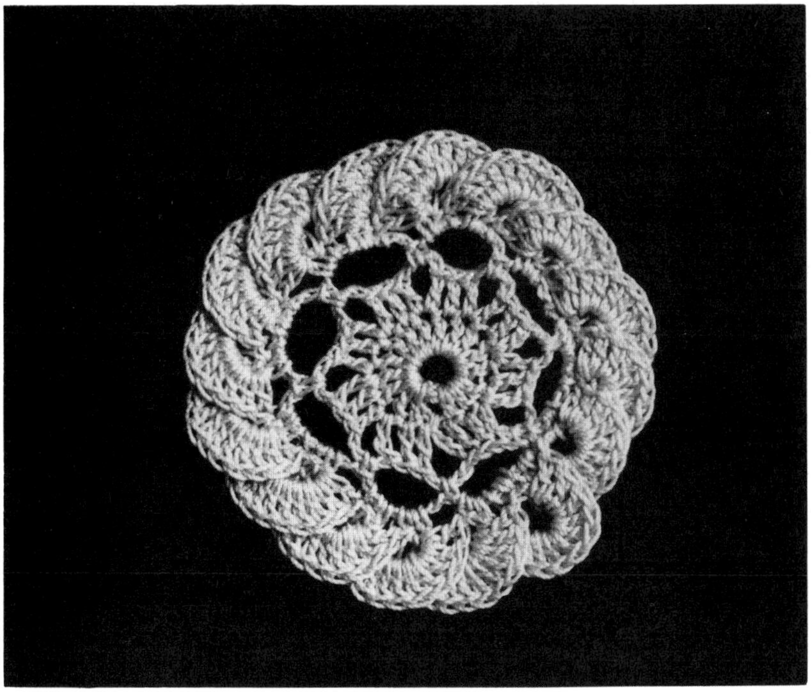

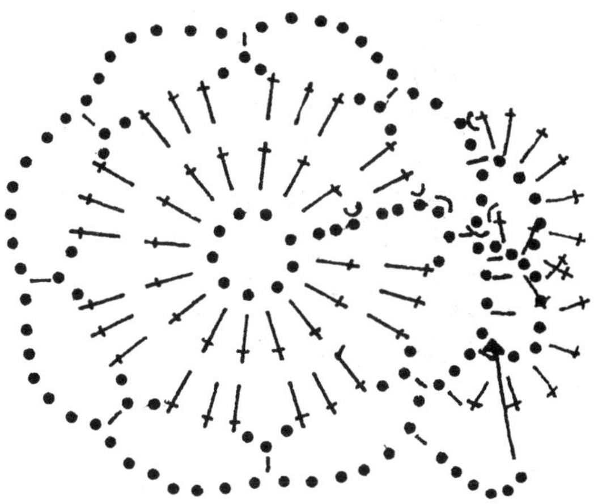

Rosetten und Sterne

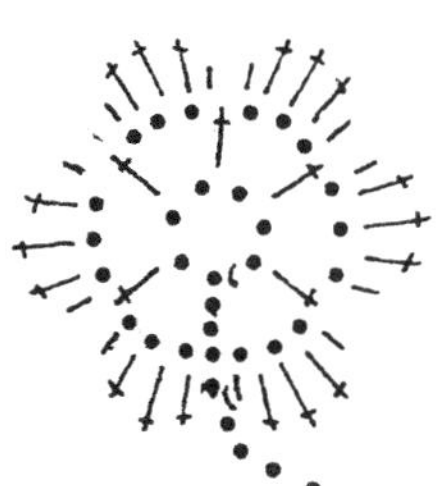

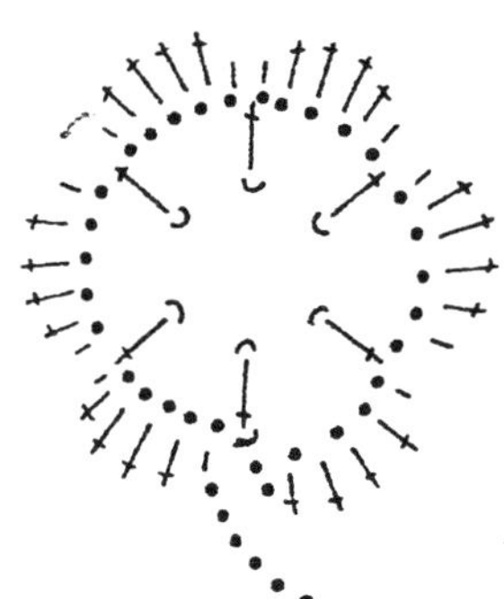

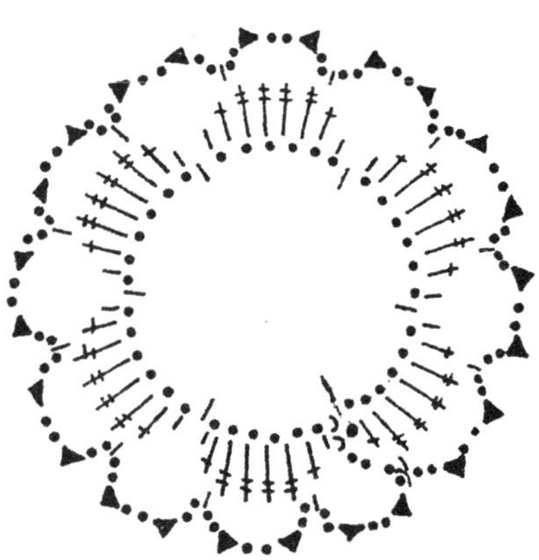

Arbeitsanleitung

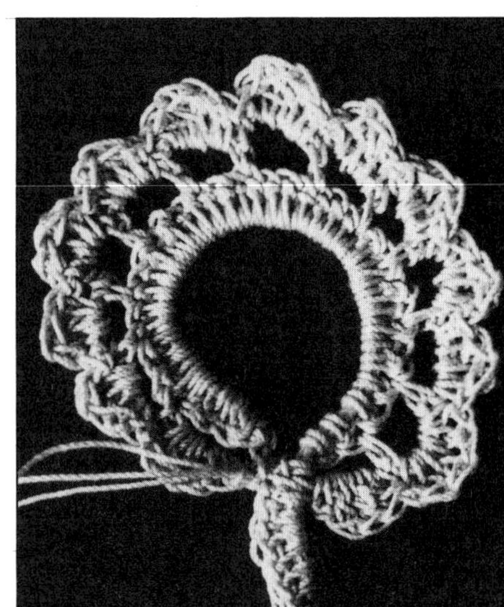

Rosettenspitzen zu Leinendamast und Handweben

Rosettenspitzen zu Leinendamast und Handweben

Alte Spitze aus gleichfarbigem Deckengarn

Rosetten und Sterne

Achtblatt-Gipürenrosette in Rahmenverarbeitung, die der Reticella nahekommt.

Rosetten und Sterne

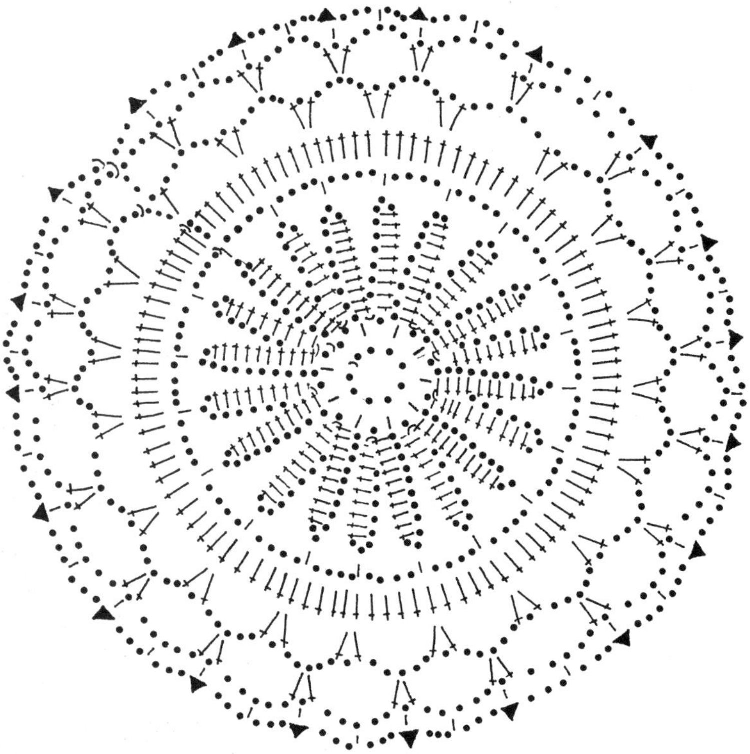

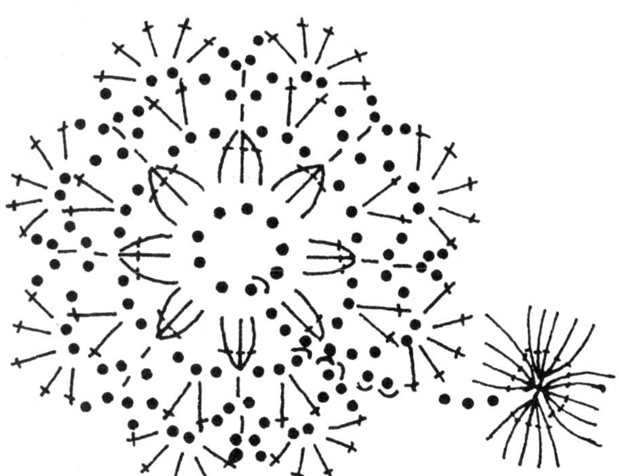

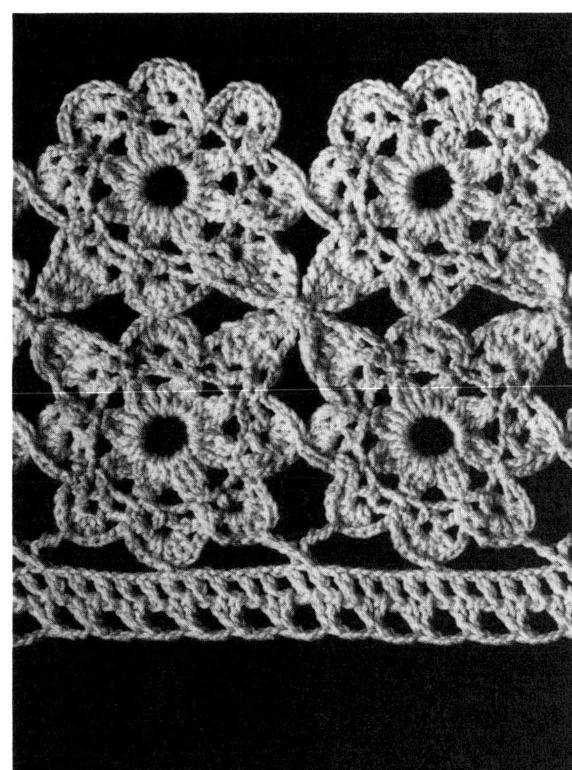

Rosetten und Sterne

Alte Deckenspitze aus steirischem bäuerlichem Privatbesitz. Bei ihr kommt die Umsetzung aus der irischen, bzw. Wiener Häkelspitze besonders deutlich zum Ausdruck.

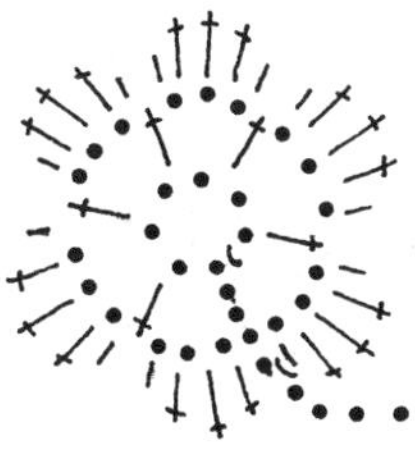

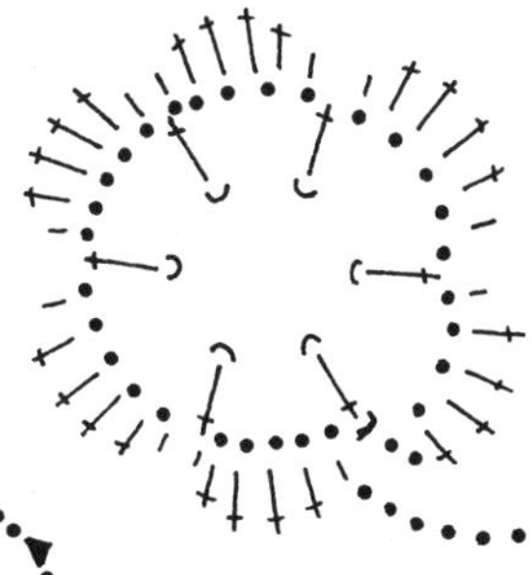

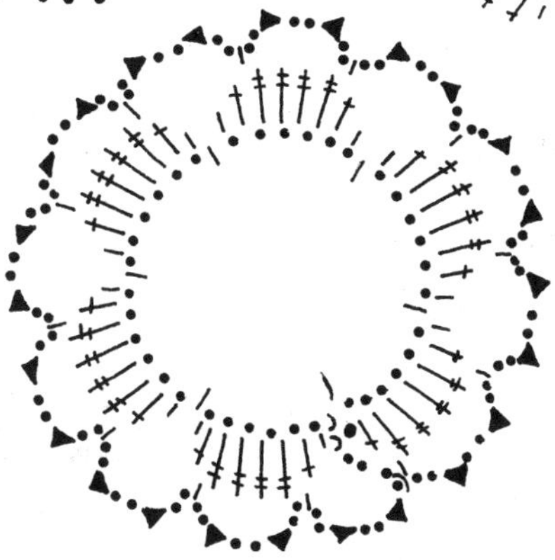

Die einzelnen Blüten werden zu verschieden breiten Randspitzen aber auch — aus Mohairwolle — zu Umhängetüchern vereinigt.

Siehe Farbbild neben Seite 72, rechts oben

Rosetten und Sterne

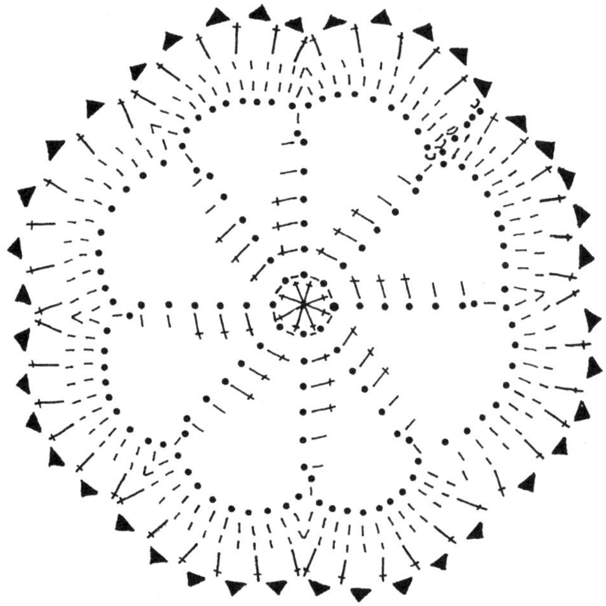

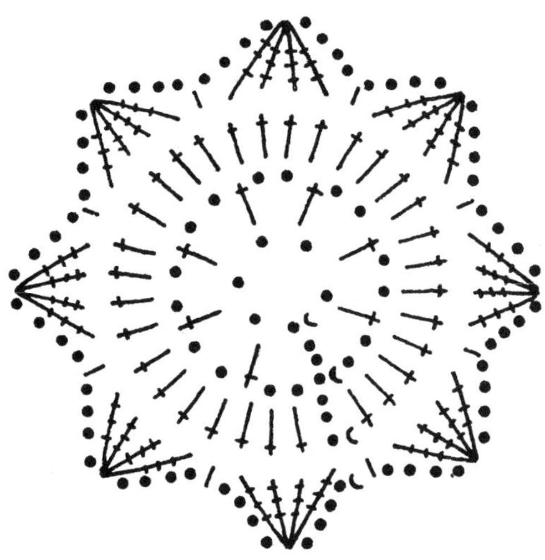

Rosetten und Sterne

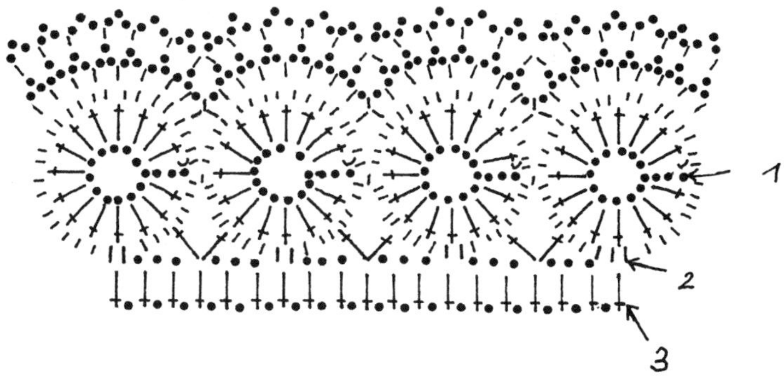

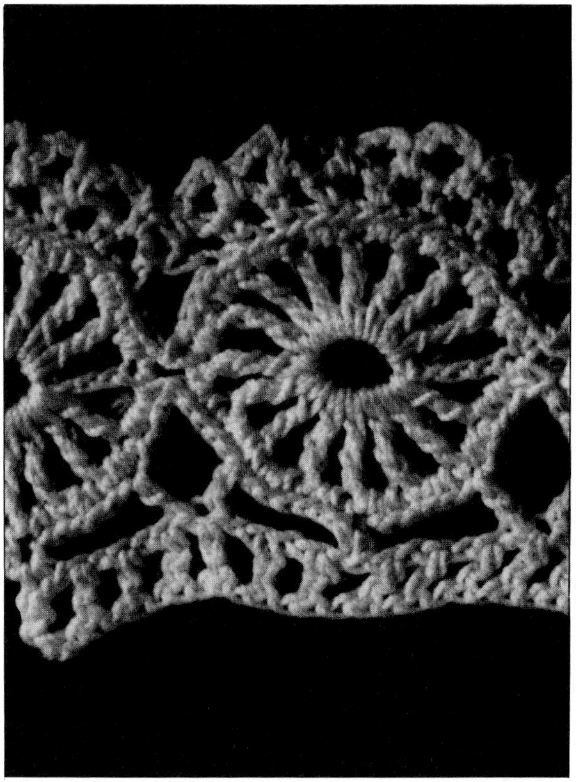

Siehe Farbbild neben Seite 72, links oben

Rosetten und Sterne

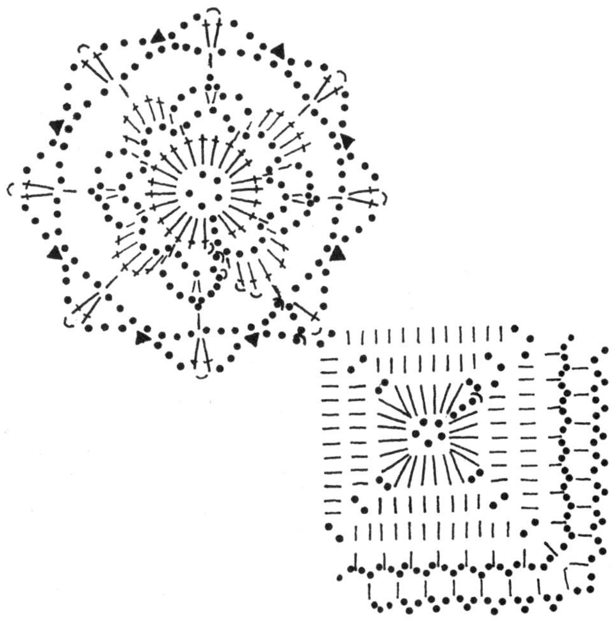

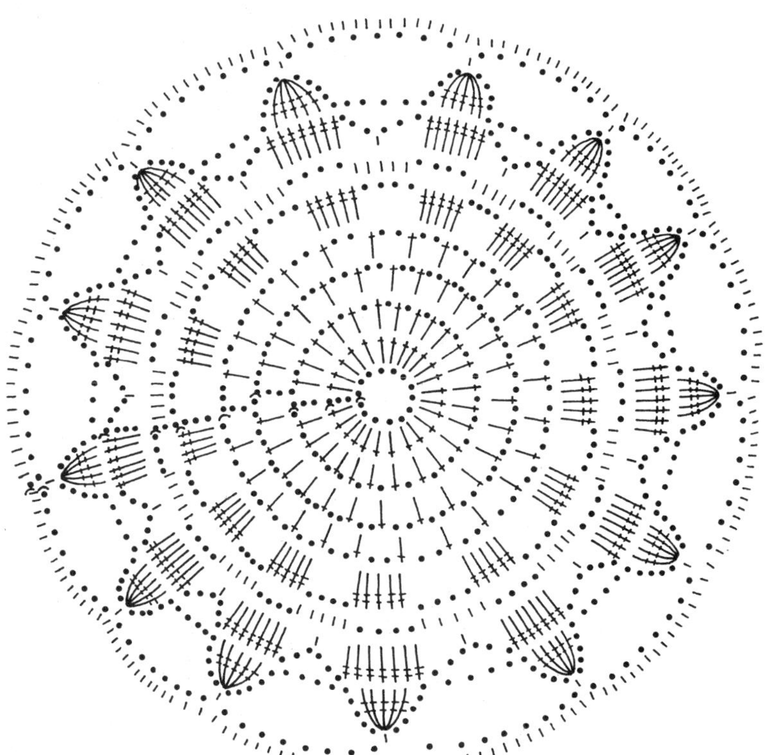

Rosetten und Sterne

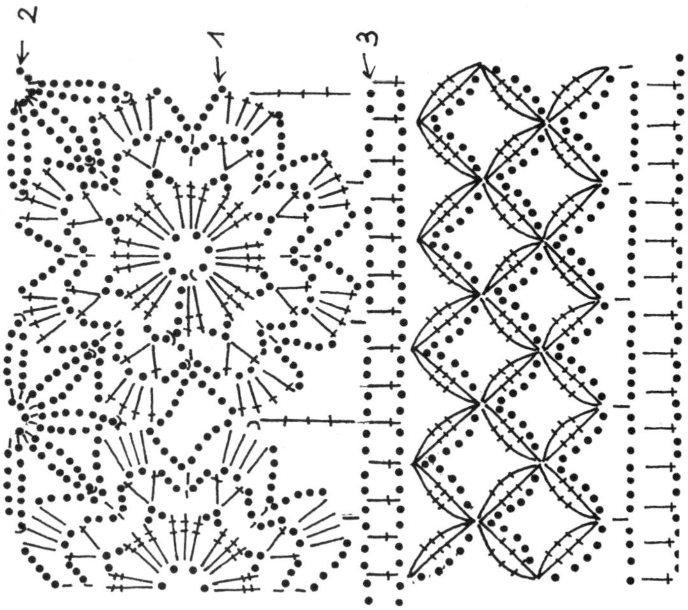

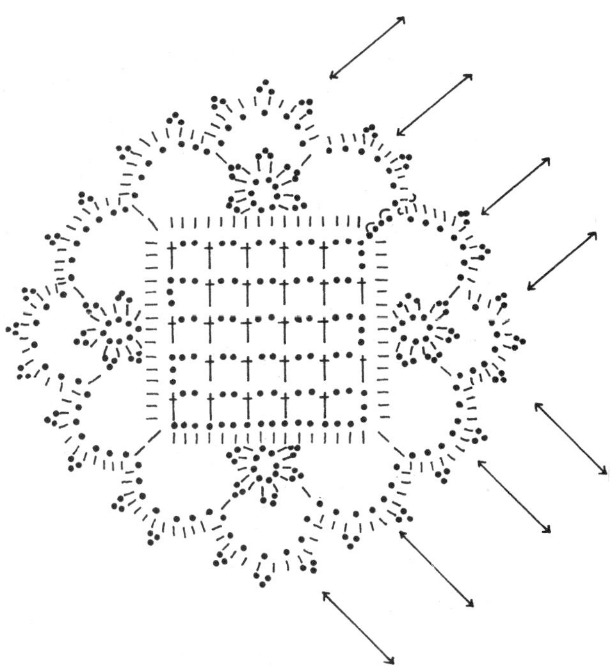

Das Motiv eignet sich besonders für Einsätze und Tischläufer, z. Bsp. siehe Farbbild neben Seite 84

3 kunstvolle Sterne aus altem steirischen Familienbesitz wurden hier im Bild festgehalten, da für geübte Häklerinnen die gute Fotografie beste Dienste leistet.

Reticellaspitze

Immer wieder findet man im ländlichen Raum geometrische Durchbruchmuster, die den Spitzenstil der Reticella nachempfinden, jene in Quadraten oder Rechtecken eingeschlossene Spitze, deren Muster in der Umrandung diagonal eingespannt ist oder deren Ornamente sich aus Bogen, Dreiecken, schmalen Blättchen und Rosetten zusammensetzen. Diese Häkelart, früher für Täschchen und Behälter, aber auch zur Verzierung für Kissenplatten und Decken verwendet, ist nur geübten Häklerinnen zu empfehlen. Auch hier mag das Foto die Zeichenvorlage ersetzen.

Aus altem ländlichen Familienbesitz

Reticellaspitze

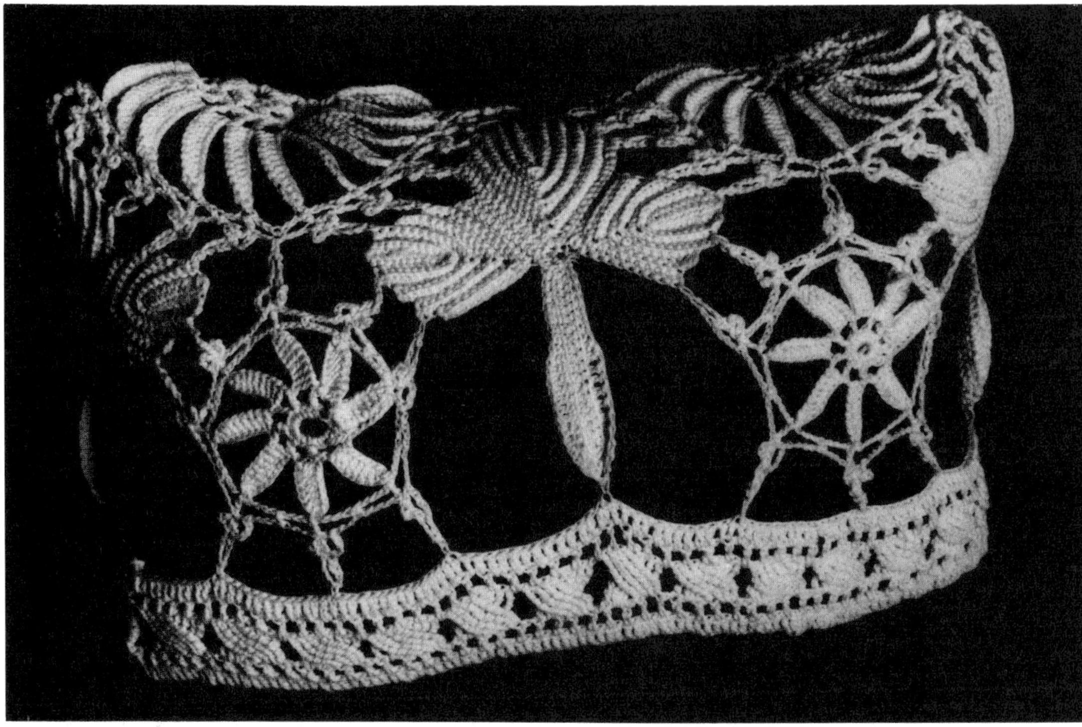

Grundnetz- und Füllmuster

1. Das Grundnetz wird aus Luftmaschenketten und Pikots gebildet. Sowohl die irische, als auch die Wiener Häkelspitze arbeitet darauf das Muster, das aus Röschen, Blättern usw. besteht. Heute fertigt man Gardinen, aber auch Decken und Überwürfe in dieser Technik.

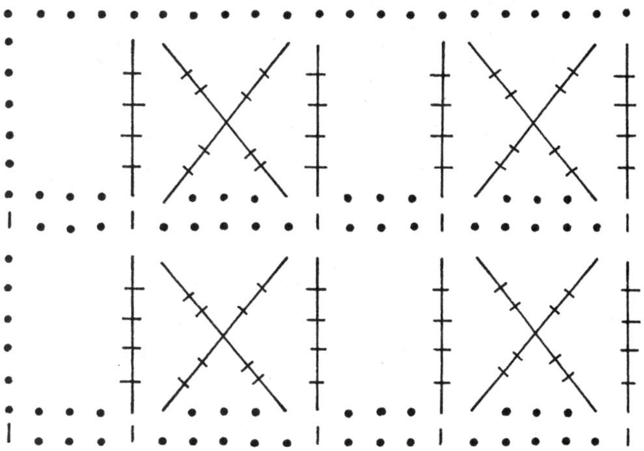

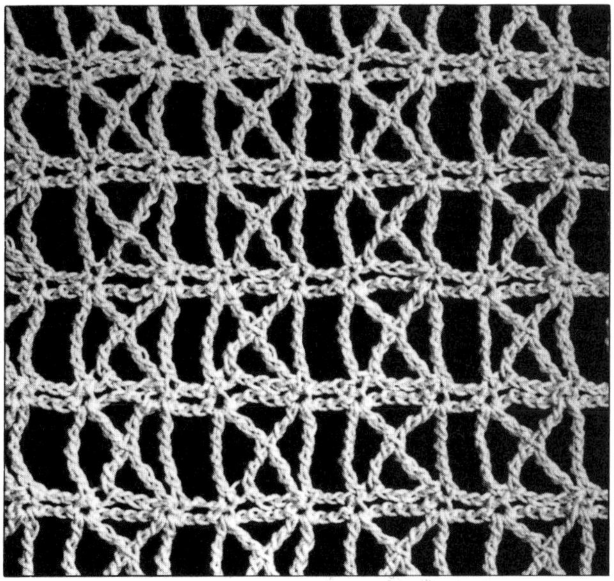

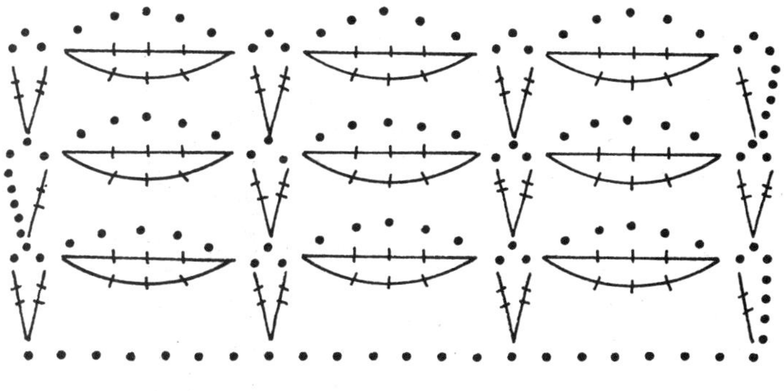

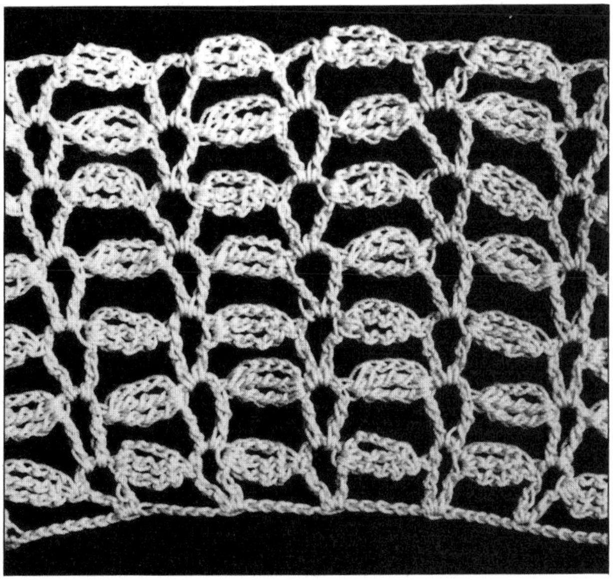

Grundnetz- und Füllmuster

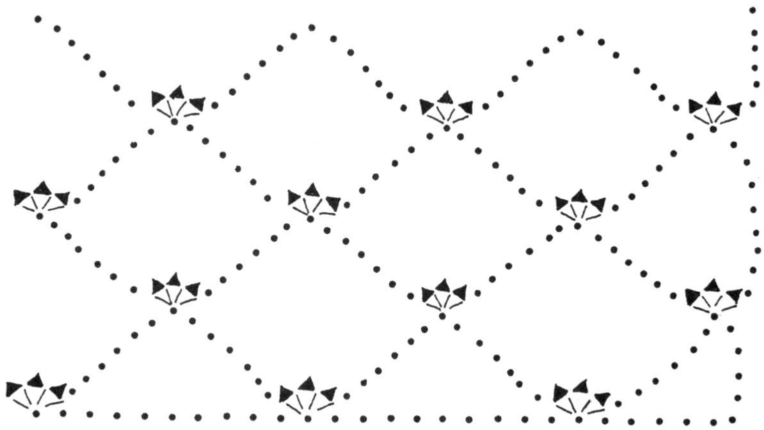

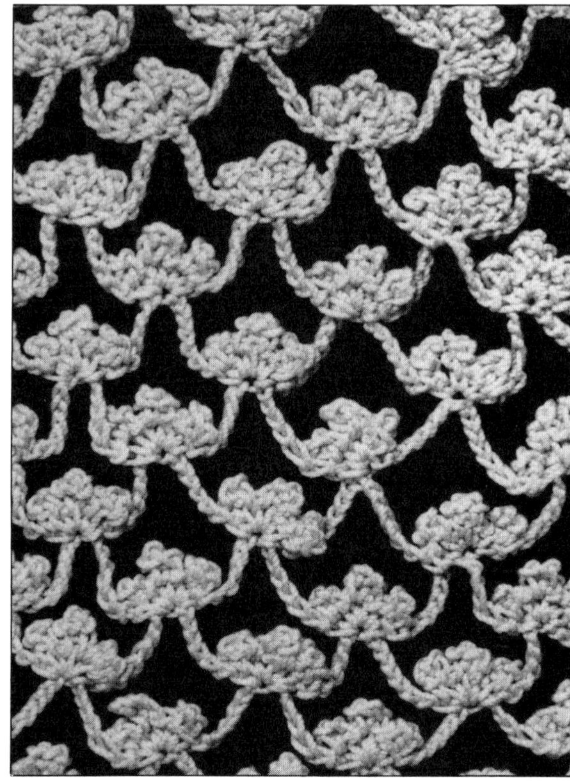

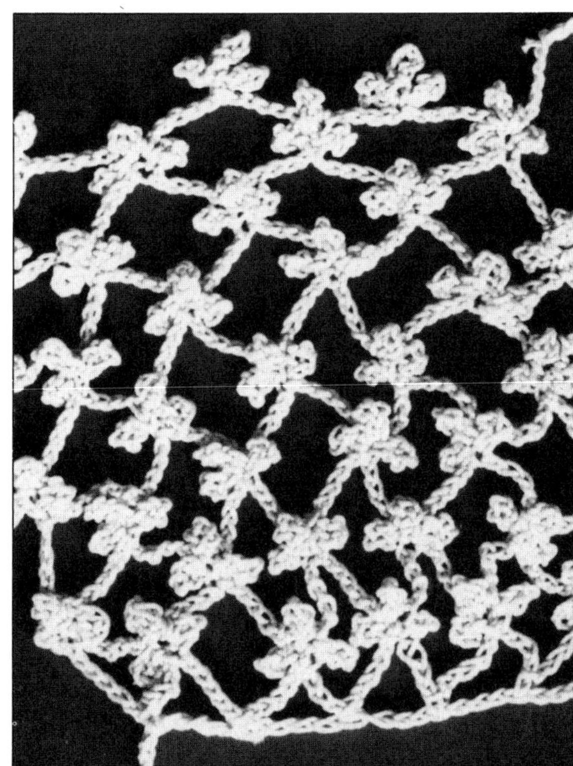

Alte Muster neu verarbeitet

Alte Muster neu verarbeitet

Flächen- oder Füllmuster

haben sich aus dem immer reicher gestalteten Grundnetz entwickelt und werden für sich allein zu einem eigenen Häkelzweig.
Sie sind im ländlichen Raum stark verbreitet für Decken- und Polstereinsätze, Scheibengardinen und Taufjäckchen.
In Verbindung mit breiten Spitzen wurden sie manchmal an Leinenweben für Altar- und Kommodendecken kunstvoll angebracht.

Der Knotenstich

ist im ländlichen Raum seit langem gebräuchlich, sei es für die Anfertigung feinster Füllmuster, in zartem Seidengarn für Teile der Erstlingsjäckchen und in grobem Material für Taschen und Beutel.
Da er sich in der Häkelschrift kaum darstellen läßt, mögen Zeichnung und Beschreibung seine Anfertigung erleichtern.

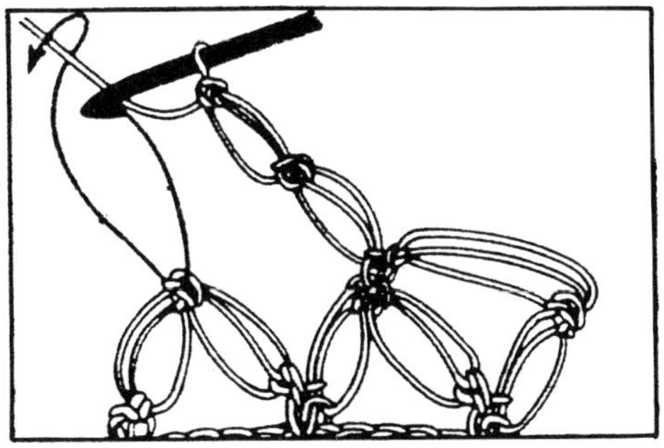

Luftmaschenanschlag

1. Reihe: in die 2. letzte Lftm. des Anschlages 1 fM. und + die M zu einer $^{3}/_{4}$ langen Schl. hochziehen, Faden holen, durchziehen, in das hintere Glied der Lftm. 1 fM., die M zur Schl. hochziehen, Faden holen, durchziehen und in das hintere Glied der Lftm. 1 fM., so daß nun 2 Schl. übereinander sind (siehe Abb.), 3 Lftm. übergehen, in die 4. Lftm. der Anschlagreihe 1 fM. — Ab. + wd.

Die 1. R fortlaufend wd. die fM. werden in diesen R in die höherstehenden Knötchen der Vorr. gearbeitet.

Knotenstich

Füllmuster

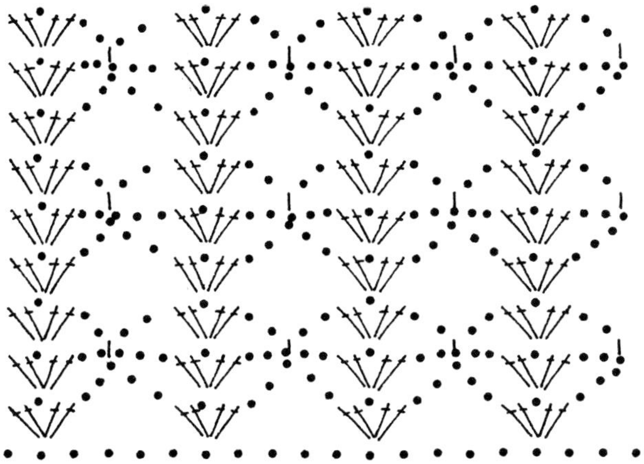

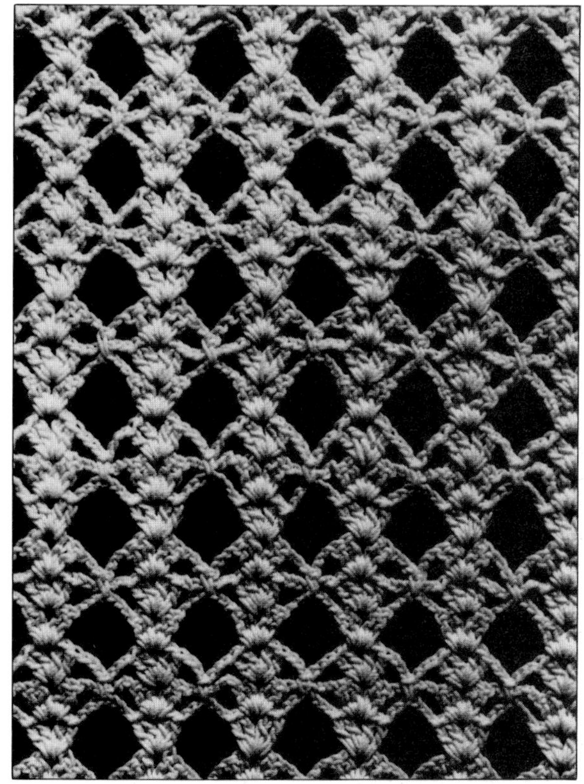

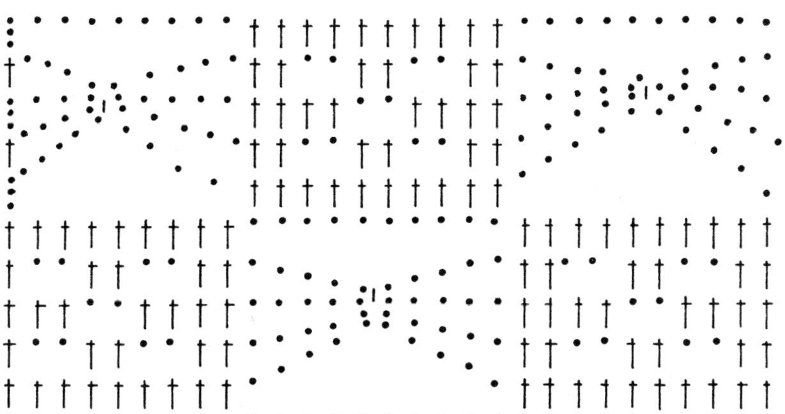

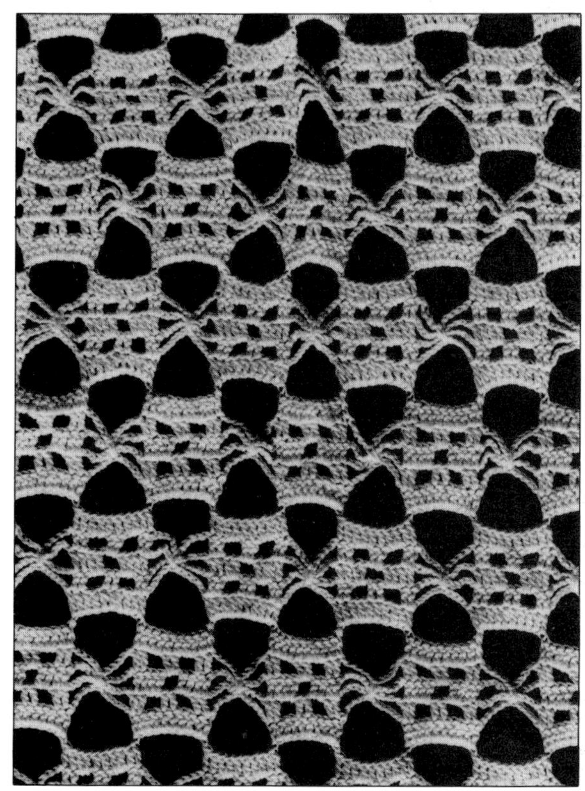

Füllmuster

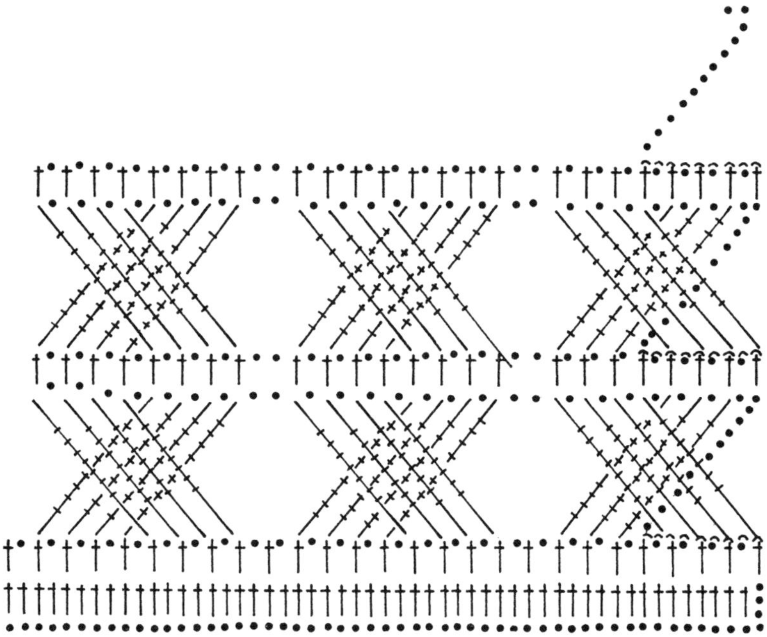

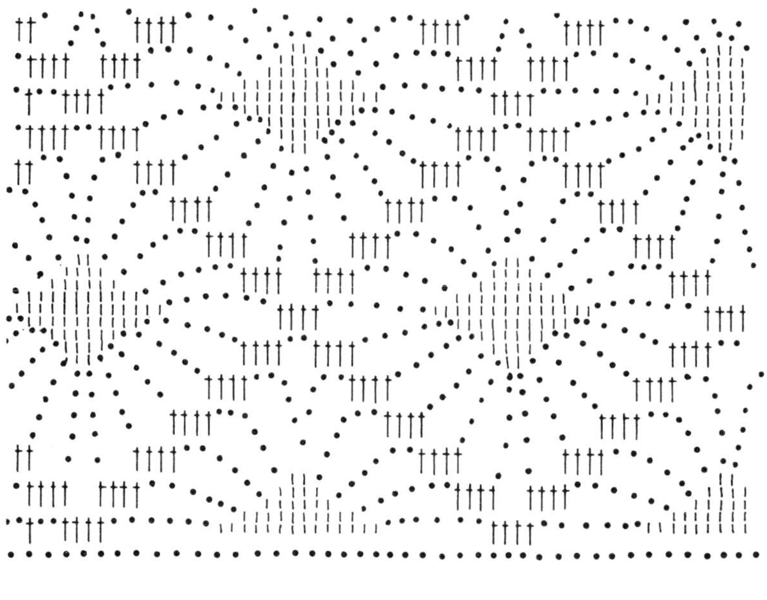

Jacken · Westen · Joppen

Richtlinien

1. Auch aus festen Maschen oder Stäbchen können hübsche Jacken und Joppen angefertigt werden (Farbfoto).
2. Je nach Wolle und Festigkeit des Häkelns richtet sich die Maschenzahl; eine Musterprobe ist zu empfehlen.
3. Nur gutes Material verwenden; die Wolle muß gut gedreht und farbecht sein.
4. Zur Anfertigung eines Schnitts in Originalgröße sind die Körpermaße festzustellen.
5. Bei lockeren Mustern werden die Teile erst durch Spannen auf die entsprechende Größe gebracht.
6. Den Rückenteil soll man zuerst häkeln.
7. Vor Beginn der Vorderteile sollen die Knopflöcher berücksichtigt werden.
8. Die Knöpfe können aus Hirschhorn, Perlmutter, Steinnuß, Leder oder Holz sein. Auch hier sollten keine Blech-, Herzl- oder Blümchenköpfe verwendet werden.
9. Aufgestickte Blumen oder angehäkelte Rüschen entsprechen nicht unserem Trachtenstil.
10. Naturfarben, grau, schwarz und braun, allenfalls grün kann die Weste sein; zwei- und Mehrfarbigkeit ist in der echten Tracht nicht üblich.

Knopfloch gehäkelt waagrecht

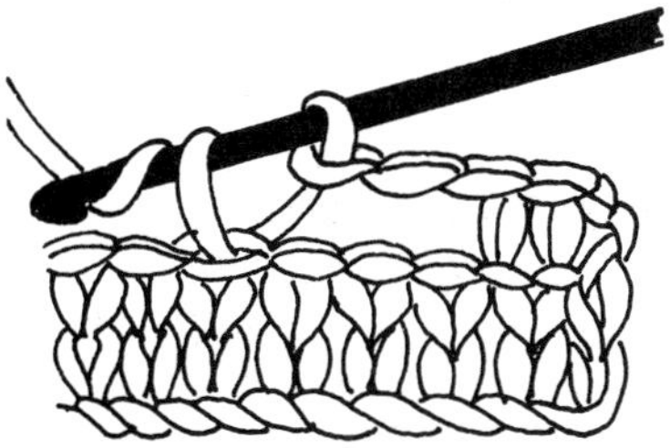

Knopfloch gehäkelt senkrecht

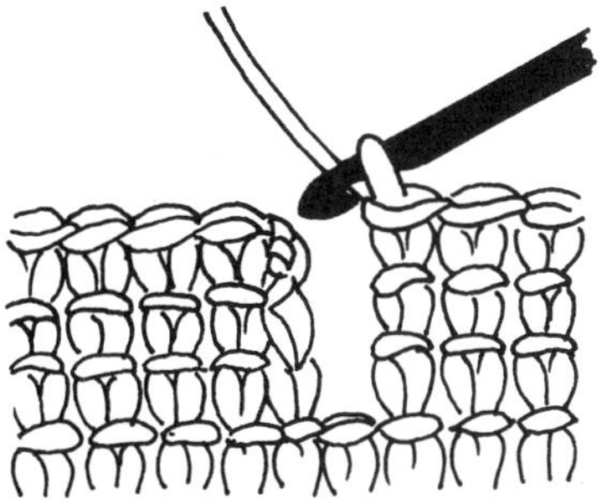

Knopfloch-Öse

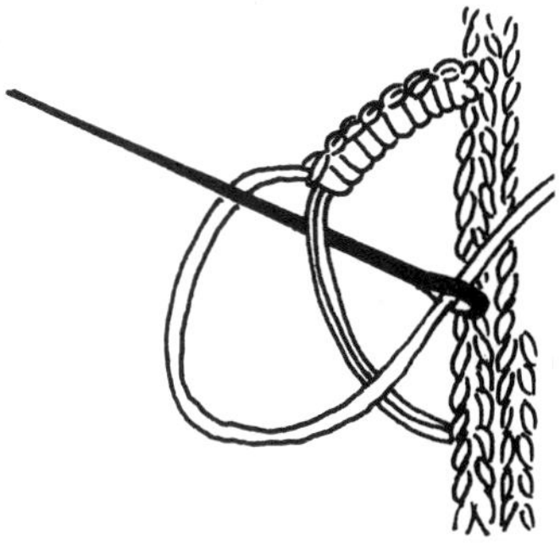

Westen · Jacken · Joppen

Wie messe ich?
Wie messe ich einen Schnitt?

VLG = Vorderlänge
RLG = Rückenlänge
OW = Oberweite (Brustumfang)
T = Taillenweite
HW = Hüftweite
BH = Bundhöhe
OAW = Oberarmweite
ALG = Armlänge

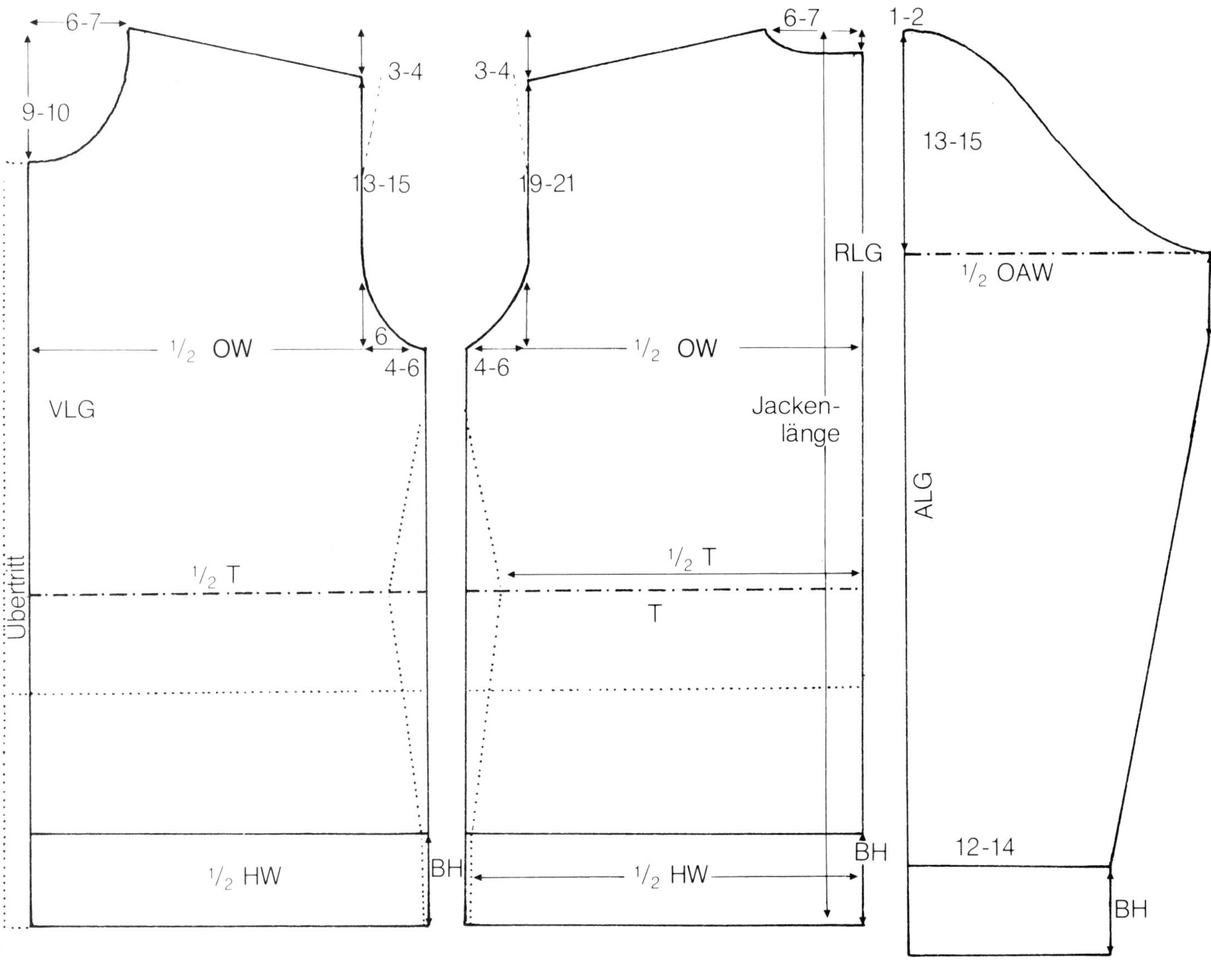

Westen · Jacken · Joppen

Auch einfache Häkelmuster eignen sich für schöne, trachtlich richtige Jacken und Joppen. Es empfiehlt sich, die Häkelnadel etwas stärker zu wählen, damit die Arbeit schmiegsam und elastisch bleibt.

Zunehmen kann man, wenn zwei Maschen in die darunter liegende gehäkelt werden oder beim Wenden eine Zusatzmasche durch Schlingenbildung entsteht.

Abnehmen kann man durch Zusammenhäkeln zweier Maschen oder beim Wenden durch Auslassen der vorletzten Masche.

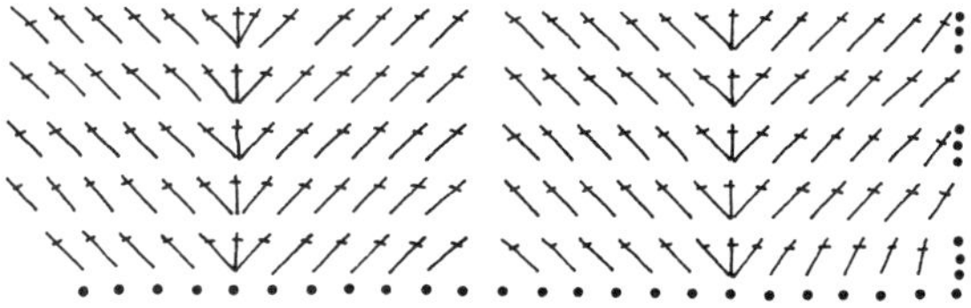

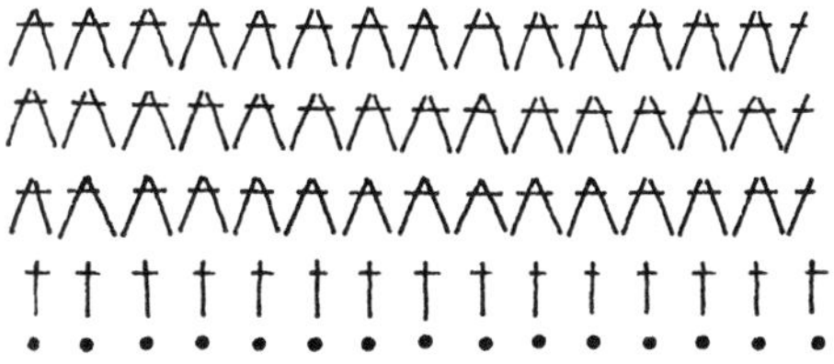

Westen · Jacken · Joppen

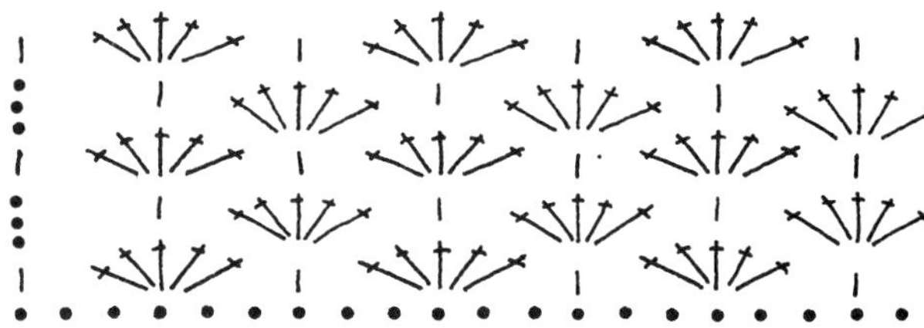

1. Reihe: In die 3. letzte Lftm. einstechen, Schlinge holen, umschl., in dieselbe M einstechen, Schl. holen, umschl. und durch alle Schlingen ziehen + 1 Lftm., 1 Lftm. d. Anschlags übergehen, in die nächste M einstechen, Schl. holen, umschl., Schl. holen, umschlingen und durch alle Schl. ziehen. Ab. + wiederholen. 2 Lftm. zum wenden.

2. Reihe: wie die erste, jedoch die Büschelmasche jeweils in die Lücke der Lftm. der Vorreihe einstechen.

Westen · Jacken · Joppen

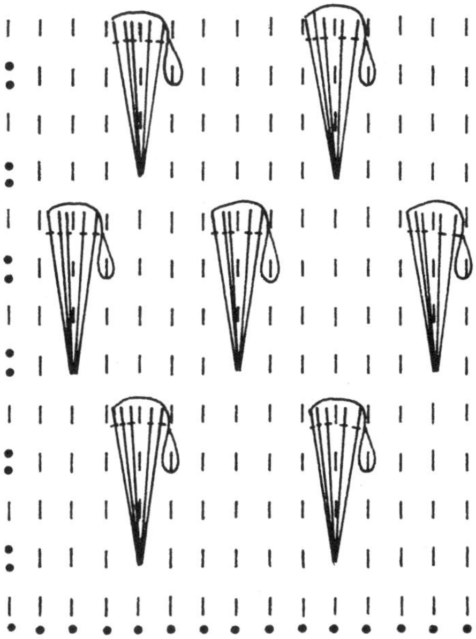

Viele Muschelmuster lassen sich, je nach Material, aus Wolle für Trachtenjacken, aus Mohair für Umhängtücher und aus zartem Garn auch für Babyjäckchen verwenden.

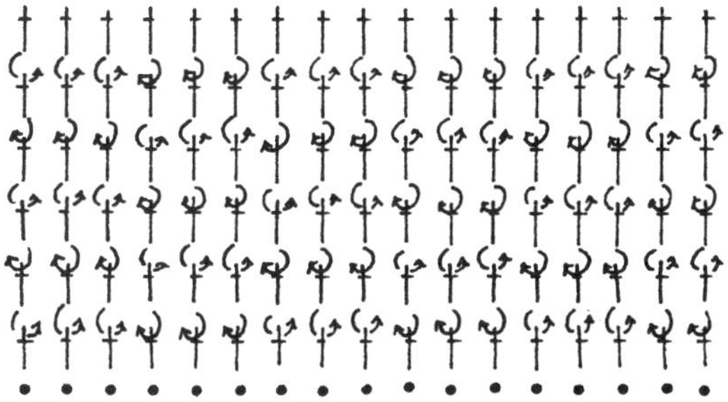

Westen · Jacken · Joppen

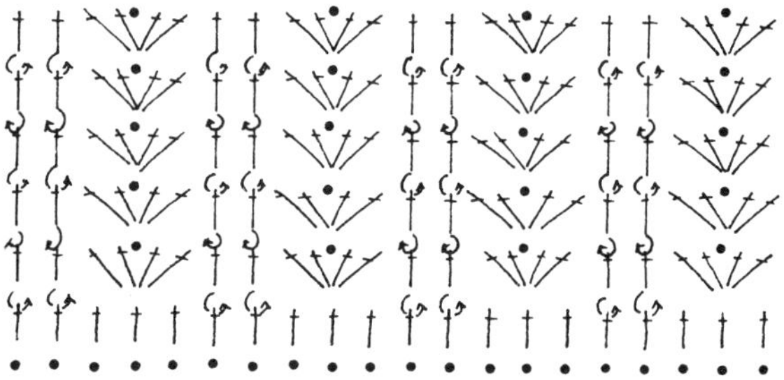

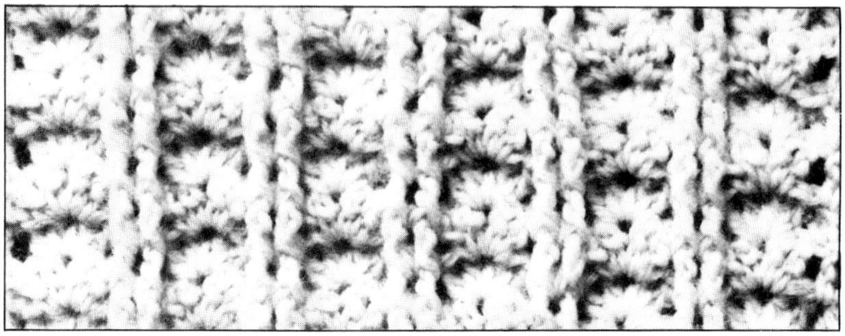

Das Muster kann beidseitig verwendet werden. Hier wurde mit Reliefstäbchen gearbeitet, das heißt:

beim Rstbch. der Hinreihe wird von re. nach li. um das Stb. der Vorderreihe gestochen, der Faden geholt und als Stäbchen fertig gehäkelt.

beim Rstbch. der Rückreihe wird der Umschlag von re. nach li. von hinten in das Stbch. der Vorreihe gestochen, der Faden geholt und als Stäbchen beendet.

Trachtenjacken im Tunesischen Häkelstich

Tunesische Häkelei

auch unter dem Namen Viktoria- oder Strickhäkelei bekannt, wird mit einer langen, gleichmäßig starken Häkelnadel stets auf einer Seite gearbeitet. Jede Reihe besteht aus zwei Arbeitsgängen, der Hin- und Rückreihe. Die einfache Stichart erzielt eine feste, gewebeartige Fläche; durch verschiedenes Einstechen und Abmaschen erzielt man mannigfache Wirkungen. Der tunesische Häkelstich eignet sich vor allem für verschiedene Kleidungsstücke.

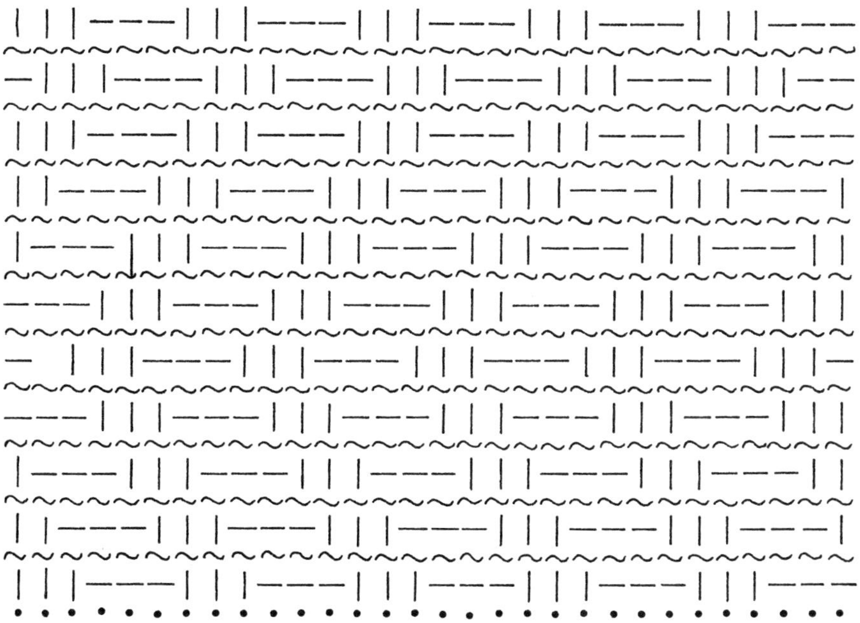

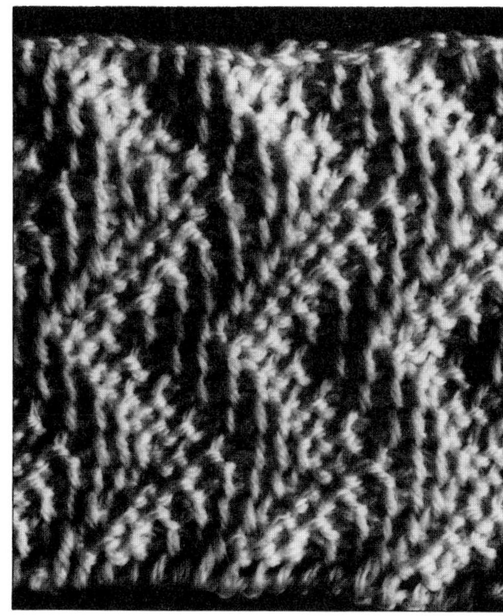

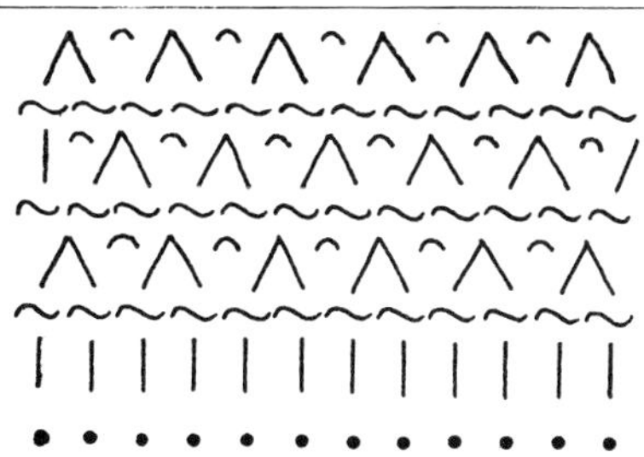

1. Reihe: Umschlag, 2 Maschen zusammen abhäkeln,

2. Reihe: 1 gl. Masche, Umschlag + dann den hinteren d. nächsten und vorderen Teil des darauf folgenden zusammengefaßten Masche der Vorreihe wieder zusammen abhäkeln, Umschlag + Wiederholung.

Tunesische Häkelei

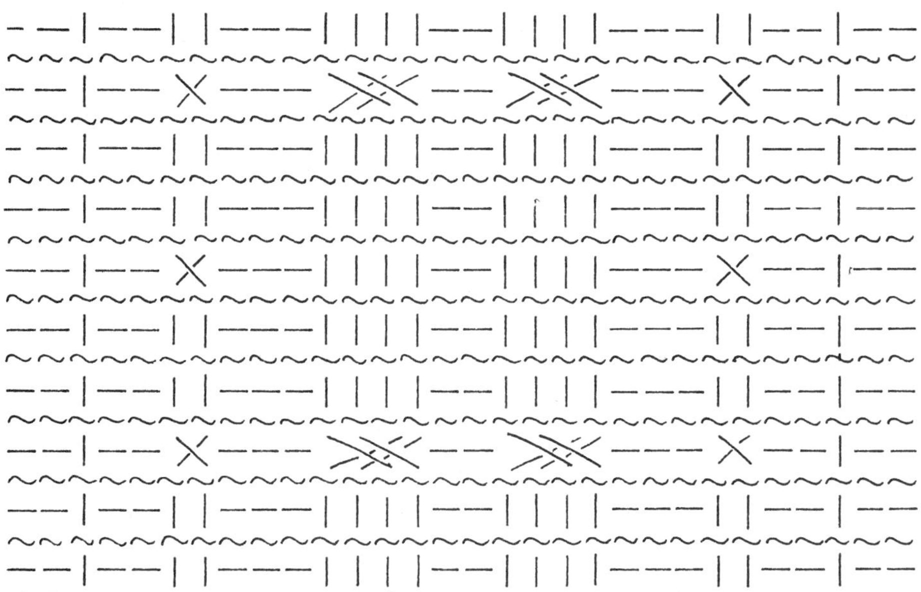

Von vorne eingestochene Maschen: Häkelnadel wird in die darunter liegende senkrechte Masche gestochen, der Faden geholt und durchgezogen.
Beim Kreuzen der Maschen soll vor dem Kreuzen abgehäkelt werden.

Tunesische Häkelei

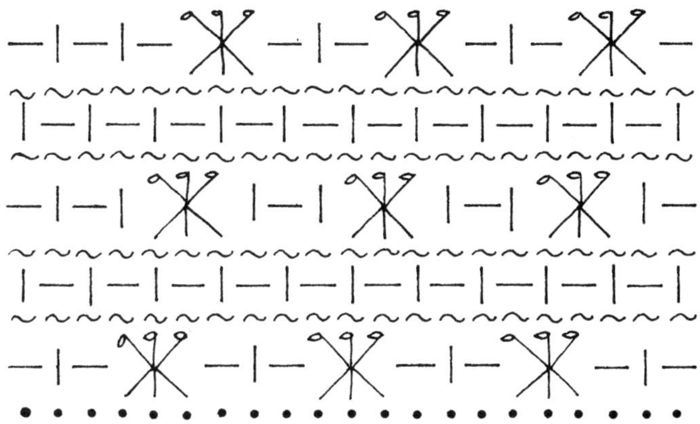

Bei diesem Muster werden 3 Maschen der Vorreihe zusammengefaßt und 3 Stäbchen herausgehäkelt, bzw. 3 Stb. in 3 zusammengefaßte senkrechte Schlingen gehäkelt.

Stäbchen 1 Reihe, Büschelmasche 3 Reihen tiefer stechen

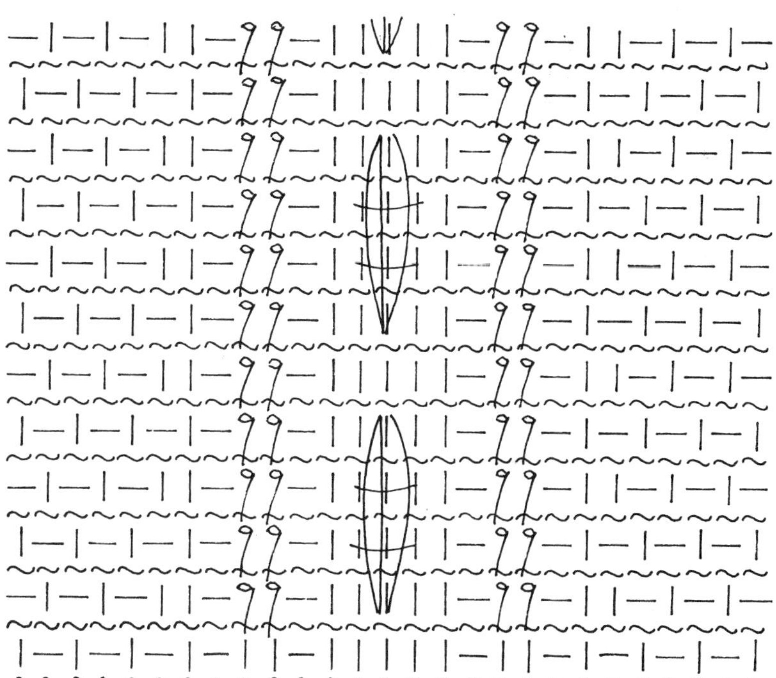

Tunesische Häkelei

= 2x umschlingen des Doppelstäbchens, die senkrechte M mitfassen

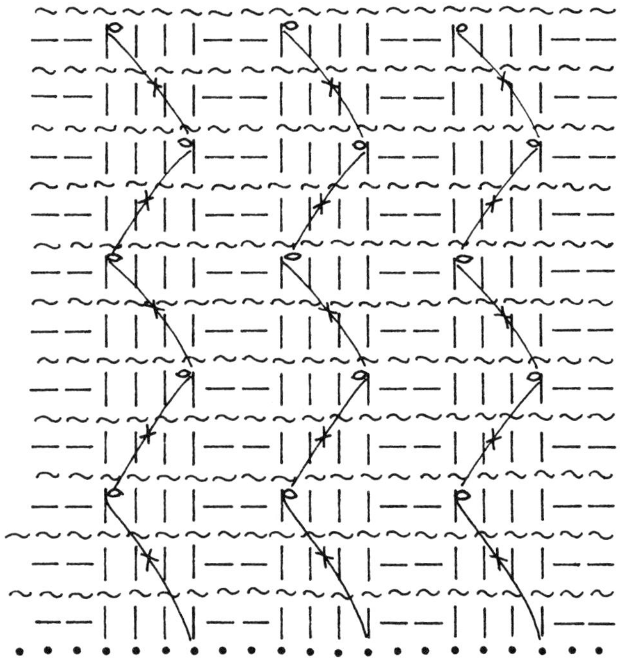

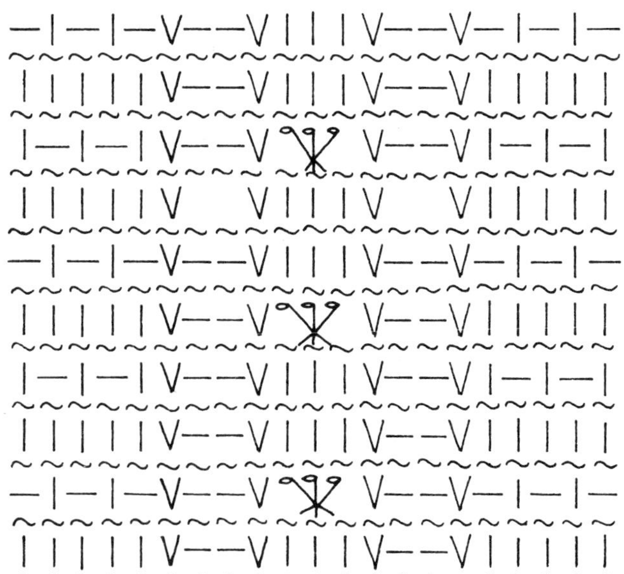

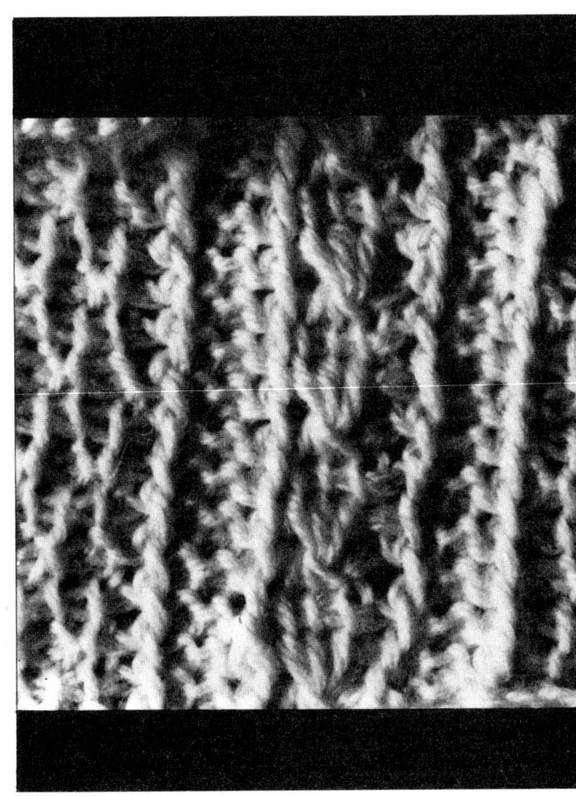

In einer Reihe 3 M zusammenfassen und 3 Hstb. heraushäkeln

Tunesische Häkelei

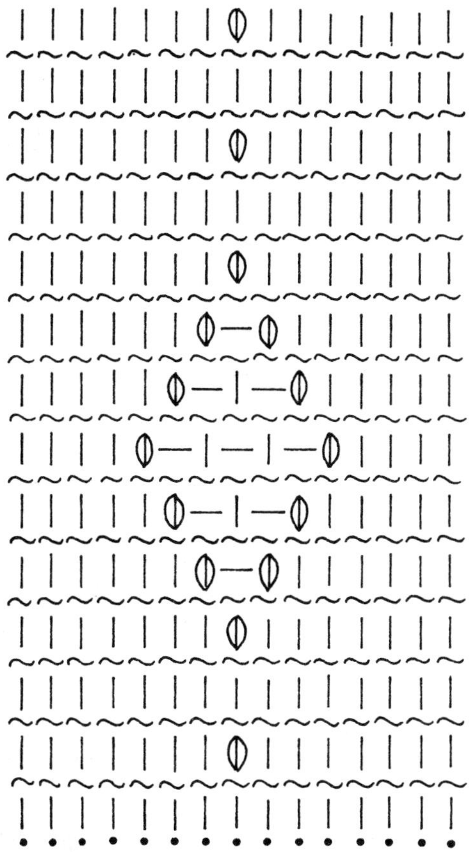

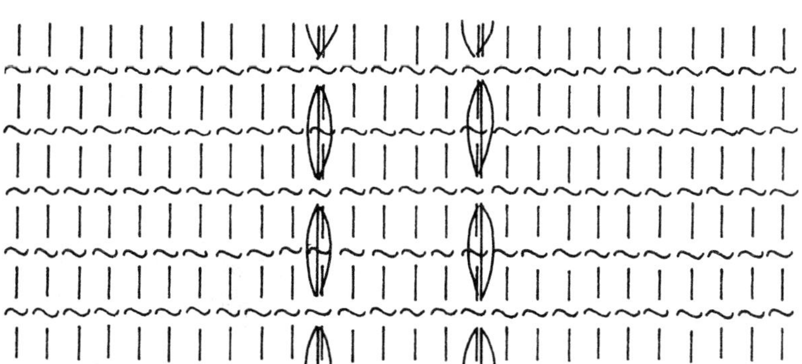

Tunesische Häkelei

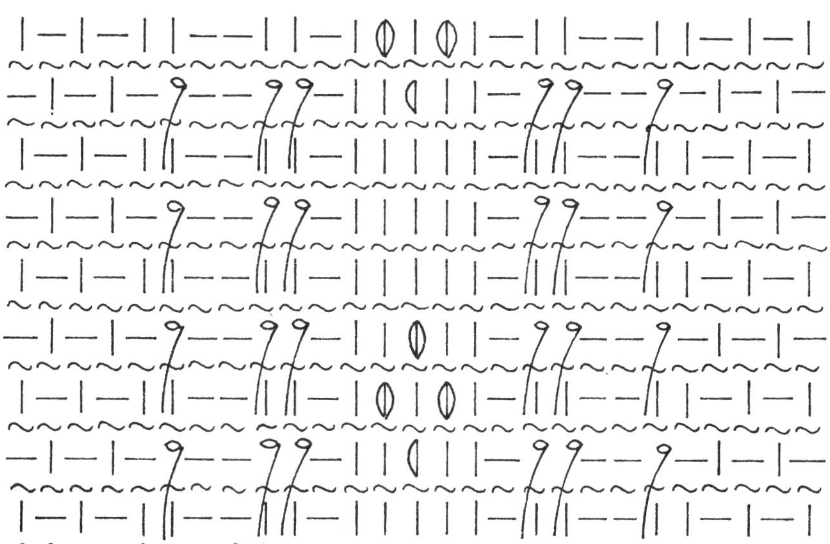